W0463139

THOMAS VON AQUIN

ÜBER DAS SEIN UND DAS WESEN

BIBLIOTHEK KLASSISCHER TEXTE

Wissenschaftliche Buchgesellschaft

THOMAS VON AQUIN

ÜBER DAS SEIN UND DAS WESEN

DEUTSCH-LATEINISCHE AUSGABE

Übersetzt und erläutert
von
RUDOLF ALLERS

Wissenschaftliche Buchgesellschaft

Die Deutsche Bibliothek verzeichnet diese Publikation
in der Deutschen Nationalbibliografie;
detaillierte bibliografische Daten sind im Internet über
http://dnb.ddb.de abrufbar.

Das Werk ist in allen seinen Teilen urheberrechtlich geschützt.
Jede Verwertung ist ohne Zustimmung des Verlages unzulässig.
Das gilt insbesondere für Vervielfältigungen,
Übersetzungen, Mikroverfilmungen und die Einspeicherung in
und Verarbeitung durch elektronische Systeme.

Lizenzausgabe eines Bandes aus dem Jakob Hegner Verlag,
Abdruck mit freundlicher Genehmigung des Verlags
J. P. Bachem, Köln

2., unveränderte Auflage 2005
(unveränderter Nachdruck der 1. Auflage 1991)
© 1991 by Wissenschaftliche Buchgesellschaft, Darmstadt
Die Herausgabe des Werkes wurde durch
die Vereinsmitglieder der WBG ermöglicht.
Gedruckt auf säurefreiem und alterungsbeständigem Papier
Printed in Germany

Besuchen Sie uns im Internet: www.wbg-darmstadt.de

ISBN 3-534-00024-2

INHALT

EINLEITUNG

SOFERNE ES *heute noch einer Rechtfertigung bedarf, wenn breiteren Leserkreisen eine bedeutende Schrift scholastischer Herkunft, insbesondere eine des heiligen* THOMAS, *vorgelegt wird, so ist darüber das Notwendige im Nachworte ausgeführt. Daß wir die vorliegende Abhandlung des Aquinaten zu übersetzen und zu erläutern unternehmen, geschah, weil erstens der Traktat* de ente et de essentia *als die Erstlingsschrift des* THOMAS *— die Abfassung fällt in den ersten Pariser Aufenthalt, 1252 oder 1253 — besondere Aufmerksamkeit verdient; enthält er doch, fast wie ein Programm, bereits alle Hauptgesichtspunkte thomistischen Denkens. Man hat es mit vollem Rechte immer bewundert, wie der junge Dominikanergelehrte mit solcher Klarheit und Sicherheit die Grundprobleme der Philosophie zu durchdringen und darzustellen vermochte. Die kleine Abhandlung ist mutmaßlich für einen engen Kreis von Schülern oder Studiengenossen niedergeschrieben worden, also eine knappe »Einführung in die Philosophie«. Diesem Zwecke vermag sie in der Tat auch heute trefflich zu dienen. Und dies ist der zweite Grund, der uns zu unserer Arbeit bewog: neben die Ausgaben der* Summa theologica *und der* contra gentiles *ein Werk zu stellen, das eine erste Bekanntschaft mit den philosophischen Gedanken des heiligen* THOMAS *vermitteln kann.*

Zu diesem Behufe schiene es notwendig, einerseits durch Anmerkungen das Verständnis des Textes zu erleichtern, anderseits in einer ausführlichen Abhandlung die systematische und geistesgeschichtliche Bedeutung der in unserer Abhandlung vorgetragenen Gedanken herauszuarbeiten. Dabei aber ergäbe sich freilich, daß eine erschöpfende Würdigung der thomistischen Ideen ebensowenig möglich ist wie ein allseitiges Aufzeigen der philosophiegeschichtlichen Zusammenhänge; hieße doch das eine einen Abriß des ganzen Lehrgebäudes entwerfen, das andere, eine Geschichte der Metaphysik entwickeln. Wie der Traktat selbst, so wollen auch die von uns beigefügten Erläuterungen nur den Charakter einer Einführung beanspruchen. Auf ein Eingehen in die philosophiegeschichtliche Auswirkung der von THOMAS *hier aufgeworfenen Probleme und seiner Lösungen müssen wir in dem*

Rahmen dieser Ausgabe verzichten. Wir können auch nur eben andeuten, inwieferne eine Vertiefung in die Gedankenwelt des doctor communis, *wie die Nachwelt den* THOMAS *alsbald nannte, gerade in der heutigen Geisteslage klärend zu wirken vermöchte.*

Der zugrunde gelegte Text ist großenteils jener der Ausgabe von LUDWIG BAUR: S. Thomae Aquinatis sermo seu tractatus de ente et de essentia, ad XI codicum manu scriptorum [saec. XIII. et XIV.] nec non editionis pianae fidem in usum scholarum; ed. altera emendata; Opuscula et textus ed. cur. M. Grabmann et Fr. Pelster S. J. Fasc. I. *Aschendorff, Münster i. W. 1933. Es wurde auch der von* M. D. ROLAND-GOSSELIN O. P. *edierte Text* [Le De ente et de essentia de S. Thomas d'Aquin. Texte établi d'après les manuscripts parisiens. Introduction. Notes et Études historiques; Le Saulchoir, Kain 1926; Bibl. Thomiste VIII.] *herangezogen. An einigen wenigen Stellen schien eine von dem* BAURschen *Text abweichende Lesart sich mehr zu empfehlen. Diese Lesarten werden jeweils in den Anmerkungen namhaft gemacht und die Entscheidungen begründet.*

Die Übersetzung sucht den Sinn des Textes unter möglichster Wahrung des Wortlautes wiederzugeben. An manchen Stellen hat dieses Bestreben vielleicht zu einer gewissen Schwerfälligkeit des Ausdruckes geführt. Ein Mangel an sprachlicher »Eleganz« dürfte indes geringere Bedeutung besitzen als die Gefahr etwaiger Entstellungen und Mißverständlichkeiten. Es erschien am besten, gewisse, dem mittelalterlichen Denken eigentümliche Begriffe oder Wendungen in tunlichstem Anschluß an den Wortlaut wiederzugeben, schon darum, damit nicht durch die Einführung anderweitig gebrauchter Ausdrücke die irrige Meinung entstehe, als liege eine Gleichartigkeit der Auffassung vor, wo es sich höchstens um eine Ähnlichkeit der Formulierung handeln könnte.

Manche der vom Latein des Mittelalters geprägten Ausdrücke lassen sich aber nicht ohne weiteres in die deutsche Sprache übertragen, weil mit ihnen ein Sinn verbunden ist, den eine solche

wörtliche Wiedergabe dem Leser nicht vermitteln könnte; dies gilt z.B. von dem außerordentlich schwierigen Begriff der materia signata *oder auch* designata. *Wörtlich übersetzt heißt dies: bezeichneter oder vorbezeichneter Stoff. Was dies zu besagen habe, wird aber dem in scholastischer Philosophie Unbewanderten — für ihn ist aber eine derartige »Einführung« in erster Linie gedacht — nicht einsichtig. Um keine Unklarheit aufkommen zu lassen und dennoch dem Vorsatze genauer Wiedergabe treu bleiben zu können, wurde ein Mittelweg gewählt, indem neben den wörtlich übersetzten Ausdruck eine erläuternde, meist umständlichere Erklärung in [— —] gesetzt wurde. Dies schien besser zu sein, als immer wieder eine Anmerkung zu machen, die den Leser nötigte, nachzuschlagen. Die Anmerkungen sollen vornehmlich nicht der Worterklärung des deutschen Textes, sondern der Auslegung des Sinnes der thomistischen Gedankenwelt dienen, sowie gewisse Zusammenhänge aufzeigen, deren Kenntnis für das Verständnis der Darlegungen als nützlich erachtet wurde. Sie enthalten denn erstens eine ausführliche Wiedergabe und Erläuterung der von* THOMAS *benützten Zitate aus anderen Autoren. Gelegentlich macht* THOMAS *Anspielungen auf Lehren, deren Herkunft er, darin einer Gepflogenheit mittelalterlichen Schreibens folgend, nicht nennt; hier und da werden die jeweils gemeinten Verfasser oder Schulen vermutungsweise angegeben.*

Die Anmerkungen sollen zweitens die Bedeutung der einzelnen Wendungen und Gedanken herausstellen, so daß mit ihrer Hilfe der philosophische Gehalt des Traktates erfaßt werden könne, auch ohne Bezugnahme auf weitere geschichtliche Zusammenhänge.

Die Bedeutung der Lehren des Aquinaten für die Gegenwart, wenn auch nur in flüchtigen Strichen, zu behandeln, war geboten, weil gerade die in der Abhandlung de ente et de essentia *entwickelten Grundgedanken in naher Beziehung zu einem in heutiger Philosophie aktuellen Thema, nämlich dem der »Existenzphilosophie«, stehen. Ist doch das* esse, *von dem bei* THOMAS, *bei manchen seiner Vorgänger und bei sehr vielen der von*

ihm abhängigen Späteren, so viel die Rede ist, eben das, was man »Existenz« nennt. Dabei mag auch die geistesgeschichtliche Stellung in etwa sichtbar werden, die das thomistische Denken überhaupt und die hier zu behandelnden Probleme und Problemlösungen insbesondere einnehmen; vielleicht wird so der Leser zu einer Würdigung der Selbständigkeit und Tiefe gelangen, die der Philosophie des doctor angelicus *eigen sind.*

Solcher Aufweis der Bedeutung für die geistesgeschichtliche Lage von heute wird wohl am besten zu einer Mehrung der heute schon vielfach lebendigen Anteilnahme an diesen Dingen beigetragen werden können. Mehr und mehr festigt sich die Überzeugung, daß die Philosophie des Aquinaten, weit entfernt davon, ein nur antiquarisches Interesse erwecken zu können, vielfach dem Menschen von heute ebensoviel oder mehr sogar zu sagen habe, als den Zeitgenossen oder den unmittelbaren Nachfolgern, die ihn durch Verleihung des Namens eines princeps scholasticorum *feierten. In der kleinen Schrift, die hier in Text und Übersetzung, versehen mit einigen Anmerkungen und Erläuterungen, vorgelegt wird, tritt uns* Thomas *bereits — obwohl sie ungefähr seine erste »Veröffentlichung« ist — in der ganzen unübertrefflichen Klarheit seines philosophischen Denkens entgegen.* Thomas *ist hier nur Philosoph, nicht Theologe; katholischer Philosoph freilich, aber um rein philosophische Fragen mit rein philosophischer Methode bemüht. In der Aktualität, Gegenwartsnähe, ja Modernität der Problemstellung und der Lösungen wird deutlich offenbar, wie sehr diese Lehre eine auf immer gültige heißen, mit wieviel Recht sie den stolzen Namen führen dürfe:* philosophia perennis.

DES HEILIGEN THOMAS
VON AQUIN
ABHANDLUNG ÜBER DAS SEIN
UND DAS WESEN

S. THOMAE AQUINATIS
SERMO SEU TRACTATUS
DE ENTE ET ESSENTIA

ÜBER DAS
SEIN UND DAS WESEN

EIN KLEINER Irrtum zu Beginn wird am Ende zu einem großen, sagt der PHILOSOPH im ersten Buche seiner Schrift über Himmel und Erde[1]. Nun aber sind, wie AVICENNA zu Beginn seiner Metaphysik[2] bemerkt, Seiendes und Wesen die beiden Begriffe, die von unserem Denken zu allererst erfaßt werden; damit also aus einem Mißverstehen dieser kein Irren erwachse und man sofort der damit verbundenen Schwierigkeit ansichtig werde, muß vor allem gesagt werden, was denn mit diesen Worten: Seiendes und Wesen bezeichnet werde, in welcher Art diese beiden unter verschiedenen Umständen angetroffen würden und welches ihre Beziehung zu den Begriffen der Logik sei, nämlich zu Gattung, Art und Unterschied[3].

Wir sind immer genötigt, die Erkenntnis des Einfacheren aus dem Zusammengesetzten zu entnehmen und vom Späteren auf das Frühere zurückzuschreiten, damit so, vom Leichteren her anhebend, das Lehrgebäude angemessen sich füge. Daher müssen wir auch von der Bedeutung des Seienden[4] zu der des Wesens aufsteigen.

I

MAN MUSS sich also vor Augen halten, daß — wie das der

DE ENTE ET ESSENTIA

QUIA PARVUS error in principio magnus est in fine, secundum PHILOSOPHUM primo Coeli et mundi, ens autem et essentia sunt quae primo intellectu concipiuntur, ut dicit AVICENNA in principio suae Metaphysicae, ideo ne ex eorum ignorantia errare contingat, ad eorum difficultatem aperiendam dicendum est quid nomine entis et essentiae significetur, et quomodo in diversis inveniantur, et quomodo se habeant ad intentiones logicas scilicet genus, speciem et differentiam.

Quia vero ex compositis simplicium cognitionem accipere debemus et ex posterioribus in priora devenire, ut a facilioribus incipientes convenientior fiat disciplina, ideo ex significatione entis ad significationem essentiae procedendum est.

I

SCIENDUM EST ergo quod, sicut PHILOSOPHUS [Aristoteles] dicit

PHILOSOPH im fünften Buche seiner Metaphysik sagt — das Wort Seiendes für sich genommen zwei Bedeutungen habe: eine, gemäß dem Umstand, daß es je nach einer der zehn Aussageweisen bestimmt wird; eine zweite, soferne es die Wahrheit von Aussagen bezeichnet[1]. Der Unterschied zwischen diesen zwei Bedeutungen ist dieser: auf die zweite Weise kann alles ein Seiendes genannt werden, worüber eine bejahende Aussage gebildet werden kann, auch wenn dadurch keine sachliche Setzung erfolgt. Auf diese Weise angesehen können auch Beraubungen[2] und Verneinungen als Seiende bezeichnet werden; wir sagen ja, die Bejahung sei das Gegenteil der Verneinung oder die Blindheit sei in dem Auge. Aber in dem erstgenannten Sinne kann nur dann von einem Seienden gesprochen werden, wenn dadurch etwas sachlich gesetzt wird. Daher sind gemäß dieser ersten Bedeutung die Blindheit und Ähnliches keine Seienden.

Die Bezeichnung »Wesen« leitet sich nun nicht von dem Seienden in der zweitgenannten Bedeutung ab[3]; denn dieser zufolge kann man manches ein Seiendes nennen, das kein Wesen hat, wie das an den Beraubungen rsichtlich wird. Vielmehr liegt die erstgenannte Bedeutung von Seiendem hier zugrunde. Daher sagt denn auch der KOMMEN-

---

in quinto Metaphysicae, ens per se dicitur dupliciter: uno modo quod dividitur per decem genera, alio modo quod significat propositionum veritatem. Horum autem differentia est quia secundo modo potest dici ens omne illud, de quo affirmativa propositio formari potest, etiamsi illud in re nihil ponat. Per quem modum privationes et negationes entia dicuntur; dicimus enim quod affirmatio opposita est negationi, et quod caecitas est in oculo. Sed primo modo non potest dici ens nisi quod aliquid in re ponit. Unde primo modo caecitas et huiusmodi non sunt entia.

Nomen igitur essentiae non sumitur ab ente secundo modo dicto, aliqua enim hoc modo dicuntur entia, quae essentiam non habent, ut patet in privationibus, sed sumitur essentia ab ente primo modo dicto. Unde COMMENTATOR [Averroës] in eodem

TATOR zu diesem Punkte[4], es sei das Seiende in dieser ersten Bedeutung das, was das Wesen der Sache bezeichne.

Weil nun, wie bemerkt, das so verstandene Seiende gemäß den zehn Aussagearten[5] sich abwandelt, muß notwendigerweise durch »Wesen« etwas bezeichnet werden, was allen Naturen gemeinsam ist, auf Grund welcher die verschiedenen Seienden unter verschiedene Gattungen und Arten gebracht werden; so ist die Menschhaftigkeit das Wesen des Menschen, und Entsprechendes gilt für anderes[6].

Weil das, wodurch ein Ding seinen Ort in der ihm eigenen Gattung oder Art findet, eben durch die Definition ausgedrückt wird, die angibt, was ein Ding sei, gebrauchen die Philosophen für das Wort »Wesen« auch das andere der »Washeit«[7]. Diese ist eben das, was der PHILOSOPH so oft nennt: was irgend etwas für ein Sein hat, d. h. das, wodurch irgend etwas sein Was-Sein hat. — Man spricht auch von »Form«[8], weil durch diesen Ausdruck die Bestimmtheit eines jeden Dinges bezeichnet wird, wie im zweiten Buche der Metaphysik des AVICENNA[9] zu lesen ist. — Auch gebraucht man den Ausdruck »Natur«, wobei dieses Wort in der ersten Bedeutung von jenen vieren genommen wird, die BOËTHIUS in seiner Schrift über die zwei

---

loco dicit, quod ens primo modo dictum est quod significat essentiam rei.

Et quia, ut dictum est, ens hoc modo dictum dividitur per decem genera, oportet quod essentia significet aliquid commune omnibus naturis, per quas diversa entia in diversis generibus et speciebus collocantur, sicut humanitas est essentia hominis, et sic de aliis.

Et quia illud, per quod res constituitur in proprio genere vel specie, est hoc quod significatur per definitionem indicantem quid est res, inde est quod nomen essentiae a philosophis in nomen quiditatis mutatur. Et hoc est quod PHILOSOPHUS, frequenter nominat »quod quid erat esse« id est hoc, per quod aliquid habet esse quid. — Dicitur etiam forma secundum quod per formam significatur certitudo uniuscuiusque rei, ut dicit AVICENNA in secundo Metaphysicae suae. — Hoc etiam alio nomine »natura« dicitur accipiendo naturam secundum primum modum illorum quattuor modorum, quos BOËTHIUS in libro De duabus

Naturen[10] anführt; es wird hier unter Natur alles das verstanden, was der Verstand in irgendeiner Weise zu erfassen vermag. Kein Ding kann ja begriffen werden, außer durch die Definition und sein Wesen. Daher schreibt auch der PHILOSOPH im fünften Buch der Metaphysik, daß jede Substanz eine Natur[11] sei. Es scheint indes, daß der Ausdruck: Natur, so verstanden, das Wesen eines Dinges insoferne bezeichne, als er auf die eigentümliche Wirkungsweise des Dinges hingeordnet ist, da kein Ding einer ihm eigentümlichen Wirkung ermangelt. – Der Ausdruck: Washeit hingegen stammt von dem in der Definition[12] Angegebenen. Aber der Ausdruck »Wesen« wird verwendet, soferne ein Seiendes durch es [das Wesen] und in ihm ein Sein hat.

Da nun in absoluter Bedeutung und vor allem Substanzen »seiend« heißen und erst in zweiter Linie und sozusagen nur in gewisser Hinsicht die hinzukommenden Merkmale, so wird Wesen wahrhaft und eigentlich nur an Substanzen angetroffen; in den hinzukommenden Merkmalen findet es sich nur in etwa und in gewisser Hinsicht.

Manche Substanzen sind indes einfach und andere wiederum zusammengesetzt; beide haben zwar Wesen, aber die einfacheren auf eine wahrere und vorzüglichere Weise,

---

naturis assignat secundum scilicet quod natura dicitur omne illud, quod intellectu quoquo modo capi potest. Non enim res est intelligibilis, nisi per definitionem et essentiam suam. Et sic etiam dicit PHILOSOPHUS in quinto Metaphysicae quod omnis substantia est natura. Tamen nomen naturae hoc modo sumptae videtur significare essentiam rei secundum quod habet ordinem ad propriam operationem rei, cum nulla res propria operatione destituatur. – Quiditatis vero nomen sumitur ex hoc, quod per definitionem significatur. Sed essentia dicitur secundum quod per eam et in ea ens habet esse.

Sed quia ens absolute et per prius dicitur de substantiis, et per posterius et quasi secundum quid de accidentibus, inde est quod essentia vere et proprie est in substantiis; sed in accidentibus est quodammodo et secundum quid.

Substantiarum vero quaedam sunt simplices et quaedam compositae, et in utrisque est essentia, sed in simplicibus veriori et no-

wie sie auch ein vorzüglicheres Sein haben; sie sind nämlich die Ursache der zusammengesetzten Substanzen, zumindest jene erste einfache Substanz, welche Gott ist[13]. Aber das Wesen dieser [einfachen] Substanzen ist für uns weniger durchsichtig; daher müssen wir mit dem Wesen der zusammengesetzten Substanzen beginnen, damit eben das Lehrgebäude sich vom Leichteren her angemessener zusammenfüge.

II

An den zusammengesetzten Substanzen kennen wir nun die Form und den Stoff[1], wie z. B. beim Menschen den Leib und die Seele. Man kann aber nicht sagen, daß nur einem dieser beiden die Bezeichnung Wesen zukomme[2]. Daß der Stoff, für sich genommen, nicht das Wesen des Dinges sein könne, geht daraus hervor, daß ein Ding durch sein Wesen erkennbar und einer Art oder einer Gattung eingeordnet wird. Der Stoff aber ist weder der Anhub der Erkenntnis, noch wird ihm zufolge irgendeine Bestimmung nach Art und Gattung ermöglicht, sondern nur zufolge dem, was ein Etwas seiner Wirklichkeit nach ist. Aber auch die Form kann, für sich genommen, nicht als das Wesen eines zusammengesetzten Dinges angesehen wer-

---

biliori modo, secundum quod etiam esse nobilius habent; sunt enim causa eorum quae composita sunt, ad minus substantia prima simplex, quae Deus est. Sed quia illarum substantiarum essentiae sunt nobis magis occultae, ideo ab essentiis substantiarum compositarum incipiendum est, ut a facilioribus convenientior fiat disciplina.

II

In substantiis igitur compositis forma et materia notae sunt, ut in homine anima et corpus. Non autem potest dici quod alterum eorum tantum essentia dicatur. Quod enim materia sola non sit essentia rei planum est, quia res per essentiam suam cognoscibilis est et in specie ordinatur vel in genere. Sed materia neque cognitionis principium est, neque secundum eam aliquid ad genus vel speciem determinatur, sed secundum id quod aliquid actu est. Neque etiam forma tantum substantiae compositae essentia dici

den, obzwar einige Denker diese Meinung zu vertreten suchten[3]. Denn es geht ja aus dem schon Gesagten hervor, daß das Wesen eben das ist, was durch die Definition eines Dinges bezeichnet wird. Die Definition der natürlichen Substanzen enthält aber nicht allein eine Aussage über die Form, sondern auch eine über den Stoff; wäre dem nicht so, so gäbe es keinen Unterschied zwischen Definitionen natürlicher und mathematischer Gegenstände[4]. Man kann ferner auch nicht behaupten, daß in der Definition eines substantiellen Naturgegenstandes der Stoff nur als ein zum Wesen Hinzutretendes gesetzt werde oder als ein Seiendes, das außerhalb des Wesens wäre; diese Definitionsweise nämlich ist den hinzukommenden Merkmalen angemessen, die eben kein vollkommenes Wesen besitzen. Daher muß ein Träger dieser hinzukommenden Merkmale in deren Definition namhaft gemacht werden: er gehört aber nicht derselben Gattung an wie die hinzukommenden Merkmale selbst. — Es ergibt sich sohin, daß das Wesen sowohl den Stoff als die Form in sich begreift. Man kann aber auch nicht etwa sagen, daß das Wesen die Beziehung bezeichne, die zwischen Stoff und Form oder irgendeinem noch hinzutretenden Etwas bestände; denn dies wäre notwendig eben ein nur hinzukommendes Merkmal oder etwas dem Ding äußerliches, und es könnte dadurch das

---

potest, quamvis hoc quidam asserere conentur. Ex his enim quae dicta sunt patet, quod essentia est id quod per definitionem rei significatur. Definitio autem substantiarum naturalium non tantum formam continet, sed etiam materiam; aliter enim definitiones naturales et mathematicae non different. Nec potest dici quod materia in definitione substantiae naturalis ponatur sicut additum essentiae eius vel ens extra essentiam eius, quia hic modus definitionis proprius est accidentibus, quae essentiam perfectam non habent. Unde oportet quod in definitione sua subiectum recipiant, quod est extra genus eorum. — Patet ergo quod essentia comprehendit materiam et formam. Non autem potest dici quod essentia significet relationem, quae est inter materiam et formam vel aliquid superadditum ipsis, quia hoc de necessitate esset accidens vel extraneum a re, neque per eam res cognos-

Ding nicht erkannt werden, was alles auf das Wesen nicht zutrifft. Durch die Form nämlich, welche die Verwirklichung des Stoffes ist[5], wird der Stoff zu einem wirklich Seienden und zu diesem bestimmten Etwas. Daher verleiht irgend etwas, was noch hinzukäme, dem Stoff nicht einfachhin das Wirklichsein, sondern ein Wirklich-so-oder-so-sein, wie das auch die nur hinzukommenden Merkmale tun, oder z. B. die Weiße etwas wirklich weiß macht. Wenn also eine solche Form [von einem Ding] erworben wird, so sagt man nicht, daß sie einfachhin erzeuge, sondern, daß sie nur eine nähere Bestimmung beistelle.

Es bleibt daher nur die Möglichkeit, daß der Ausdruck: Wesen bei zusammengesetzten Substanzen eben das aus Stoff und Form Zusammengesetzte bezeichne. Und damit stimmt die Bemerkung des Boëthius in seinem Kommentar über die Kategorien überein, wenn er sagt, daß *οὐσία* das Zusammengesetzte bezeichne[6]. *Οὐσία* nämlich bedeutet im Griechischen eben dasselbe, was wir Wesen nennen, wie jener Autor selbst im Buche über die zwei Naturen hervorhebt[7]. Auch Avicenna lehrt, daß die Washeit zusammengesetzter Substanzen eben die Zusammensetzung von Form und Stoff sei[8]. Ferner schreibt der Kommentator in seinen Erläuterungen zum siebenten Buche der Metaphysik[9]: »Die Natur, welche die Arten in den wandel-

---

ceretur, quae omnia essentiae non conveniunt. Per formam enim, quae est actus materiae, materia efficitur ens actu et hoc aliquid. Unde illud quod superadvenit non dat esse actu simpliciter materiae, sed esse actu tale, sicut etiam accidentia faciunt, ut albedo facit actu album. Unde quando talis forma acquiritur, non dicitur generari simpliciter, sed secundum quid.

Relinquitur ergo quod nomen essentiae in substantiis compositis significat id quod ex materia et forma compositum est. Et huic consonat verbum Boëthii in commento Praedicamentorum, ubi dicit quod usia significat compositum. Usia enim apud Graecos idem est quod essentia apud nos, ut ipsemet dicit in libro De duabus naturis. Avicenna etiam dicit quod quiditas substantiarum compositarum est ipsa compositio formae et materiae. Commentator etiam dicit super vii Metaphysicae: »natura quam

baren [dem Werden unterworfenen] Dingen besitzt, ist ein Mittleres, nämlich die Verbindung von Stoff und Form.« – Damit kommt auch die Überlegung überein, daß das Sein einer zusammengesetzten Substanz weder allein der Form, noch allein dem Stoffe, sondern dem Zusammengesetzten [der Verbindung beider] selbst angehöre. Das Wesen ist aber jenes Moment, vermöge dessen von einem Ding ausgesagt wird, daß es sei. Daher muß notwendig das Wesen, vermöge dessen das Ding ein Seiendes genannt wird, nicht nur der Form oder nur dem Stoffe zukommen, sondern beiden, obwohl allein die Form die Ursache eines derartigen [zusammengesetzten] Seins ist. Wir können denn auch bei anderen Dingen, die aus mehreren Ursprünglichen zusammengesetzt sind, sehen, daß ein Ding nicht allein auf Grund irgendeiner dieser Grundlagen benannt wird, sondern vermöge jener, die alle anderen einschließt; das sieht man sehr gut an den Geschmäcken, bei welchen durch die Wirkung des Warmen, wodurch das Feuchte zersetzt wird, die Süße entsteht; trotzdem nun so die Wärme die Ursache der Süße ist, wird doch nicht ein Körper süß auf Grund der Wärme, sondern auf Grund des Geschmackes genannt, der das Warme und das Feuchte enthält[10].

---

habent species in rebus generabilibus est aliquod medium, idest compositum ex materia et forma.« – Huic etiam ratio concordat, quia esse substantiae compositae non est tantum formae nec tantum materiae, sed ipsius compositi. Essentia autem est secundum quam res esse dicitur. Unde oportet quod essentia, qua res denominatur ens, non tantum sit forma neque tantum materia, sed utrumque, quamvis huiusmodi esse suo modo sola forma sit causa. Sic enim in aliis videmus, quae ex pluribus principiis constituuntur, quod res non denominantur ex altero illorum principiorum tantum, sed ab eo, quod utrumque complectitur ut patet in saporibus, quia ex actione calidi digerentis humidum causatur dulcedo, et quamvis hoc modo calor sit causa dulcedinis, non tamen denominatur corpus dulce a calore, sed a sapore qui calidum et humidum complectitur.

Man könnte aber zu der Annahme verleitet werden, daß das Wesen, das zugleich den Stoff und die Form in sich beschließt, nur ein aufgeteiltes [dem jeweiligen Einzelding zukommendes][11] und nicht ein allgemeines sei, weil der Stoff die Vereinzelung der Einzeldinge begründe[12]. Daraus folgte, daß es keine Definition des Allgemeinbegriffes geben könne, wenn anders das Wesen eben das ist, was in einer Definition ausgesagt wird. Man muß auch bedenken, daß nicht der Stoff in jedem beliebigen Sinne die Grundlage der Besonderung im Einzeldinge abgebe, sondern nur soferne er vorbezeichnet[13] [auf Vereinzelung hingeordnet] ist. Vorbezeichnet nenne ich den Stoff, soferne er unter bestimmten Ausmessungen betrachtet wird. Von diesem Stoff indes ist in der Definition des Menschen, als Menschen [überhaupt], nicht die Rede; wohl aber wäre davon die Rede, hieße es den Sokrates definieren, wenn anders es eine Definition von Sokrates geben könnte[14]. In der Definition des Menschen [überhaupt] aber ist nicht der vorbezeichnete Stoff gemeint; denn in dieser Definition ist nicht die Rede von diesem oder jenem Knochen, und diesem oder jenem Fleisch, sondern von Knochen und Fleisch schlechthin, welche den nicht vorbezeichneten Stoff des Menschen ausmachen.

Sed quia individuationis principium est materia ex hoc forte videtur sequi, quod essentia, quae materiam in se complectitur simul et formam, sit tantum particularis et non universalis. Ex quo sequeretur, quod universalia definitionem non haberent, si essentia e t id quod per definitionem significatur. Et ideo sciendum est quod materia non quolibet modo accepta est individuationis principium, sed solum materia signata. Et dico materiam signatam, quae sub determinatis dimensionibus consideratur. Haec autem materia in definitione hominis inquantum est homo non ponitur, sed poneretur in definitione Socratis, si Socrates definitionem haberet. In definitione autem hominis ponitur materia non signata; non enim in definitione hominis ponitur hoc os et haec caro, sed os et caro absolute, quae sunt materia hominis non signata.

III[1]

Es ERGIBT sich also, daß der Stoff des Menschen und der Stoff des Sokrates sich nur durch das Vorhandensein oder Fehlen der Vorbezeichnung unterscheiden. Daher sagt der KOMMENTATOR zum siebenten Buch der Metaphysik[2], daß »Sokrates nichts anderes sei als Belebtheit und Vernünftigkeit, die eben seine Washeit ausmachten«. Auch das Wesen der Gattung und das der Art unterscheiden sich so nach Vorhandensein oder Fehlen der Vorbezeichnung, obzwar die Weise der Vorbezeichnung in beiden Fällen eine je andere ist; denn rücksichtlich der Art ist die Vorbezeichnung des Individuums durch den in seinen Ausmessungen bestimmten Stoff gegeben. Die Vorbezeichnung der Art im Hinblick auf die Gattung aber geschieht durch den bestimmenden Unterschied[3], der von der Form des Dinges genommen wird.

Diese Vorbezeichnung [oder Bestimmung[4]], welche der Art im Hinblick auf die Gattung zukommt, hat aber im Wesen der Art seinen Bestand nicht vermöge einem Etwas, das nicht auch im Wesen der Gattung wäre; denn was in der Art ist, ist auch, als ein Unbestimmtes, in der Gattung[5]. Wäre nämlich »Lebewesen« nicht das Ganze, was der Mensch ist, sondern nur ein Teil davon, so könnte es

---

III

SIC ERGO patet quod essentia hominis et essentia Socratis non differunt nisi secundum signatum et non signatum. Unde COMMENTATOR dicit super VII Metaphysicae quod Socrates nihil aliud est quam animalitas et rationalitas, quae sunt quiditas eius. Sic etiam essentia generis et essentia speciei secundum signatum et non signatum differunt, quamvis alius modus designationis sit utrobique, quia designatio individui respectu speciei est per materiam determinatam dimensionibus. Designatio autem speciei respectu generis est per differentiam constitutivam, quae ex forma rei sumitur.

Haec autem designatio, quae est in specie respectu generis, non est per aliquid in essentia speciei existens, quod nullo modo in essentia generis sit: immo quidquid est in specie est etiam in genere ut non determinatum. Si enim animal non esset totum

nicht von diesem ausgesagt werden, da niemals ein integrierender Teil[6] von dem Ganzen, dazu es gehört, ausgesagt werden kann.

Wie sich dies verhält, kann man einsehen, wenn man auf den Bedeutungsunterschied achtet, je nachdem ob »Körper« als Teil eines Lebewesens oder als Gattung verstanden wird. Er kann unmöglich auf dieselbe Weise Gattung sein, auf die er integrierender Teil eines Ganzen ist. Dieser Name: Körper kann nämlich in mehrfacher Weise verstanden werden. Auf die Weise der Substanz wird der Körper benannt gemäß einer solchen Beschaffenheit, daß man an ihm drei Abmessungen angeben kann; diese drei bezeichneten Abmessungen sind selbst der Körper, soweit er im Hinblick auf Quantität betrachtet wird[7]. Manche Dinge nun, die eine gewisse Vollendung an sich haben, können auch zu einer weiteren gelangt sein; dies ist z. B. der Fall beim Menschen, der eine sinnliche Natur und darüber hinaus noch eine vernünftige hat. So kann auch zu jener Vollendung, die im Besitz einer durch drei Abmessungen bezeichenbaren Form besteht, eine weitere hinzutreten, etwa das Leben oder eine andere; daher kann dieser Ausdruck: Körper irgendein Ding bezeichnen, von einer

---

quod est homo, sed pars eius, non praedicaretur de eo, cum nulla pars integralis praedicetur de suo toto.

Hoc autem quomodo contingat videri potest, si inspiciatur qualiter differat corpus secundum quod ponitur pars animalis et secundum quod ponitur genus. Non enim potest eo modo esse genus, quo est pars integralis. Hoc igitur nomen quod est corpus multipliciter accipi potest. Corpus enim secundum quod est in genere substantiae dicitur ex eo quod habet talem naturam, ut in eo possint designari tres dimensiones; ipsae autem tres dimensiones designatae sunt corpus secundum quod est in genere quantitatis. Contingit autem in rebus, ut quod habet unam perfectionem ad ulteriorem etiam perfectionem pertingat, sicut patet in homine, qui naturam sensitivam habet et ulterius intellectivam. Similiter etiam super hanc perfectionem, quae est habere talem formam, ut in ea possint tres dimensiones designari, potest alia perfectio adiungi ut vita vel aliquid huiusmodi. Potest ergo hoc

solchen Form, daß sich daraus ausschließlich die Angebbarkeit der drei Abmessungen ergibt, d. h., daß aus dieser Form keine fernere Vollendung folge, sondern vielmehr irgendeine weitere Beifügung außerhalb des Begriffes des so verstandenen Körpers fiele. Und auf diese Weise wäre dann der Körper ein stofflicher und integrierender Teil des Ganzen: Lebewesen, weil die Seele außerhalb des durch den Ausdruck: Körper bezeichneten Bereiches fiele und zu dem Körper hinzukäme, so daß das Lebewesen aus diesen zweien, nämlich Körper und Seele, wie aus Teilen bestände.

Man kann aber diesen Ausdruck: Körper auch anders auffassen; er bezeichnet dann irgendein Ding von derartiger Form, daß diese, wie immer sie ansonsten beschaffen sei, die Angabe von drei Abmessungen zulasse, ob nun ein Fortschreiten zu irgendeiner weiteren Vollendung möglich sei oder nicht. So verstanden ist dann Körper ein Gattungsbegriff für Lebewesen, weil in einem Lebewesen nichts angenommen werden kann, was nicht im Körper schon ausdrücklich enthalten wäre. Denn die Seele ist keine neue Form, die von jener sich unterschiede, vermöge welcher in dem Dinge [Körper des Lebewesens] drei Abmes-

---

nomen corpus significare rem quamdam, quae habet talem formam, ex qua sequitur in ipsa designabilitas trium dimensionum cum praecisione, ut scilicet ex illa forma nulla ulterior perfectio sequatur, sed si quid aliud superadditur sit praeter significationem corporis sic dicti. Et hoc modo corpus erit integralis et materialis pars animalis, quia sic anima erit praeter id quod significatum est nomine corporis et erit superveniens ipsi corpori, ita quod ex ipsis duobus scilicet anima et corpore sicut ex partibus constituitur animal.

Potest etiam hoc nomen corpus hoc modo accipi, ut significet rem quamdam, quae habet talem formam, ex qua tres dimensiones possint in ea designari quaecumque sit forma illa, sive ex ea possit provenire aliqua ulterior perfectio sive non. Et hoc modo corpus erit genus animalis, quia in animali nihil est accipere quod non implicite in corpore contineatur. Non enim anima est alia forma ab illa, per quam in re illa poterant designari

sungen angegeben werden konnten; wenn es also hieß: »Körper ist etwas, das eine Form besitzt, welche die Angabe von drei Abmessungen in jenem ermöglicht«, so wurde darunter jede beliebige Form verstanden, die der Lebendigkeit, oder die der Steinhaftigkeit oder sonst eine. So ist die Form des Lebewesens unausdrücklich in der des Körpers enthalten, soferne der Körper die Gattung für die Lebewesen darstellt. Ebenso verhält sich Lebewesen zu Mensch. Hieße nämlich Lebewesen nur ein Ding, das hinlänglich vollendet wäre, um zu empfinden und selbstbeweglich zu sein mit Ausschluß jeder weiteren Vollendung, so verhielte sich jede solche hinzukommende weitere Vollendung zu dem Lebewesen auf die Weise eines Teiles und nicht als schon unausdrücklich im Begriffe des Lebewesens enthalten; dann aber wäre Lebewesen keine Gattung, was es ist, soferne es ein Ding bezeichnet, aus dessen Form Sinnlichkeit und Bewegung entspringen, wie immer diese Form genauer bestimmt sei, als bloß empfindende Seele, oder auch als eine, die empfindet und zugleich auch denkt. Es bezeichnet sohin die Gattung in unbestimmter Weise alles, was in der Art ist, und nicht nur den Stoff.

---

tres dimensiones: et ideo, cum dicebatur »corpus est quod habet talem formam, ex qua possunt designari tres dimensiones in eo«, intelligebatur quaecumque forma esset, sive animalitas sive lapideitas sive quaecumque alia forma. Et sic forma animalis in forma corporis implicite continetur, prout corpus est genus eius. Et talis est etiam habitudo animalis ad hominem. Si enim animal nominaret tantum rem quandam, quae habet talem perfectionem, ut possit sentire et moveri per principium in ipso existens cum praecisione alterius perfectionis, tunc quaecumque alia perfectio ulterior superveniret haberet se ad animal per modum partis et non sicut implicite contenta in ratione animalis, et sic animal non esset genus; sed est genus secundum quod significat rem quamdam, ex cuius forma potest provenire sensus et motus quaecumque sit illa forma, sive sit anima sensibilis tantum sive sensibilis et rationalis simul. Sic ergo genus significat indeterminate totum id quod est in specie, non enim significat tantum materiam.

Ebenso bezeichnet der Unterschied [von Art zu Gattung] das Ganze und keineswegs nur die Form; auch die Definition bezeichnet das Ganze und gleichermaßen die Art, jede indes auf andere Weise, weil das Ganze durch die Gattung bezeichnet wird als durch eine Bestimmung, die nur auf das geht, was an dem Ding stofflich ist, ohne die eigentümliche Form zu treffen. Daher wird die Gattung vom Stoff her gewonnen, obwohl sie nicht Stoff ist; das geht daraus hervor, daß der Körper seinen Namen von jener Vollendung her erhält, welche es möglich macht, an ihm drei Abmessungen anzugeben; diese Vollendung verhält sich übrigens wie ein Stoff zu einer weiteren, darüber hinausgehenden. Dagegen ist der Unterschied wie eine von einer bestimmten Form her genommene Benennung[8], die gewonnen wird außer dem Umstande, daß zu der ersten Erfassung ihrer ein bestimmter Stoff gehöre; das geht daraus hervor, daß als beseelt das bezeichnet wird, was eine Seele hat; es wird nämlich nicht weiterhin bestimmt, was es sei, ob ein Körper oder sonst etwas. Daher sagt Avicenna[9], daß die Gattung im Unterschiede nicht als ein Teil des Wesens gemeint werde, sondern nur als ein Seiendes außerhalb des Wesens, wie sich auch ein tragendes Sein im Hin-

---

Similiter etiam differentia significat totum et non significat formam tantum; et etiam definitio significat totum et etiam species, sed diversimode, quia genus significat totum ut quaedam denominatio determinans id quod est materiale in re sine determinatione propriae formae. Unde genus sumitur ex materia, quamvis non sit materia, ut patet quod corpus dicitur ex hoc quod habet talem perfectionem, ut possint in eo designari tres dimensiones; quae quidem perfectio est ut materialiter se habens ad ulteriorem perfectionem. Differentia vero e converso est sicut quaedam denominatio a forma determinata sumpta praeter hoc quod de primo intellectu eius sit materia determinata, ut patet cum dicitur animatum scilicet illud quod habet animam; non enim determinatur quid sit, utrum corpus vel aliquid aliud. Unde dicit Avicenna quod genus non intelligitur in differentia sicut pars essentiae eius, sed solum sicut ens extra essentiam, sicut etiam subiectum est de intellectu passionum. Et ideo etiam genus

blick auf seine Veränderungen verhält[10]. Ebenso wird auch die Gattung nicht im eigentlichen Sinne von dem Unterschiede ausgesagt, wie der PHILOSOPH im dritten Buch der Metaphysik und im vierten der Topik bemerkt[11], es sei denn, daß sie etwa als Grundlage von der Beeindruckung ausgesagt werde. Aber die Definition oder die Art schließen beides in sich, sowohl den bestimmten Stoff, den der Gattungsname bezeichnet, als die bestimmte Form, die durch den Namen des Unterschiedes bezeichnet wird.

Daraus erhellt der Grund, warum sich Gattung, Art und Unterschied jeweils auf Stoff, Form und das Zusammengesetzte in der Natur beziehen, wiewohl sie nicht dasselbe sind, wie diese; weder ist die Gattung Stoff, sondern sie wird von dem Stoff her genommen als Bezeichnung des Ganzen, noch ist der Unterschied Form, sondern er wird von der Form her genommen zur Bezeichnung des Ganzen[12]. Daher sagt man, der Mensch sei ein vernünftiges Lebewesen, nicht aber, daß er aus Lebewesen und Vernunft bestehe, etwa wie man sagen kann, daß er aus Leib und Seele bestehe. In dieser Rede, der Mensch bestehe aus Seele und Leib, wird ausgedrückt, daß es sich damit so verhalte, wie wenn aus zwei Dingen irgendein drittes ent-

---

non praedicatur de differentia per se loquendo, ut dicit PHILOSOPHUS in III Metaphysicae et IV Topicorum, nisi forte sicut subiectum praedicatur de passione. Sed definitio vel species comprehendit utrumque scilicet determinatam materiam, quam designat nomen generis, et determinatam formam, quam designat nomen differentiae.

Et ex hoc patet ratio quare genus et species et differentia se habent proportionaliter ad materiam et formam et compositum in natura, quamvis non sint idem quod illa, quia neque genus est materia, sed a materia sumptum ut significans totum, nec differentia est forma, sed a forma sumpta ut significans totum. Unde dicimus hominem esse animal rationale et non ex animali et rationali, sicut dicimus eum esse ex anima et corpore. Ex anima enim et corpore dicitur esse homo sicut ex duabus rebus quaedam tertia res constituta, quae neutra illarum est. Homo enim neque est anima neque est corpus. Sed si homo aliquo modo ex

steht, das keines jener beiden ist. Denn der Mensch ist weder Seele noch Leib. Sagt man aber, der Mensch sei in irgendeinem Sinne aus Lebendigem und Vernünftigem zusammengesetzt, so handelt es sich nicht um ein drittes Ding, das aus zwei anderen bestände, sondern um einen dritten, aus zwei anderen Begriffen gewonnenen Begriff. Der Begriff: Lebendiges drückt nämlich ohne Bestimmung einer besonderen [die Art bestimmenden] Form die Natur des Dinges aus, in bezug darauf, daß diese sich hinsichtlich weiterer Vollendung als Stoff erweist. Der Begriff des unterscheidenden Merkmales: Vernünftiges indes besteht in der Bestimmung einer die Art kennzeichnenden Form. Aus diesen beiden Begriffen wird der Begriff der Art oder der Definition gebildet. Wie nun von einem aus anderen Dingen zusammengesetzten Ding nicht das aussagbar ist, was von jenen Dingen ausgesagt werden kann, daraus das eine besteht, so übernimmt auch der Begriff nicht die Bestimmungen jener Teilbegriffe, die in ihn eingehen; man kann nämlich nicht sagen, daß die Definition eine Gattung oder ein Unterschied sei.

Nun bezeichnet zwar der Gattungsbegriff das ganze Wesen der Art, dennoch brauchten aber keineswegs alle Arten, die zu dieser selben Gattung gehören, ein [einziges] Wesen zu haben. Die Einheit der Gattung nämlich entspringt ge-

---

animali et rationali esse dicatur, non erit sicut res tertia ex duabus rebus, sed sicut intellectus tertius ex duobus intellectibus. Intellectus enim animalis est sine determinatione specialis formae exprimens naturam rei, ab eo quod est materiale respectu ultimae perfectionis. Intellectus autem huius differentiae »rationalis« consistit in determinatione formae specialis. Ex quibus duobus intellectibus constituitur intellectus speciei vel definitionis. Et ideo sicut res constituta ex aliquibus non recipit pradicationem earum rerum, ex quibus constituitur, ita nec intellectus recipit praedicationem eorum intellectuum, ex quibus constituitur: non enim dicimus quod definitio sit genus aut differentia.

Quamvis autem genus significet totam essentiam speciei, non tamen oportet ut diversarum specierum, quarum est idem genus, sit una essentia, quia unitas generis ex ipsa indeterminatione vel

rade aus der Unbestimmtheit oder Ungesondertheit[13]; es liegt aber nicht so, daß alles durch den Gattungsnamen Bezeichnete in seinen verschiedenen Arten ein der Zahl nach eines Wesen besäße, zu dem eine andere Sache, die dann der die Gattung näher bestimmende Unterschied wäre, so hinzuträte, wie etwa die Form den Stoff – der nun ein der Zahl nach einer ist – näher bestimmte; [der Gattungsbegriff entspringt vielmehr auf die angegebene Weise], weil er irgendeine Form, aber nicht in bestimmter Weise diese oder jene bezeichnet; in bestimmter Weise wird dann die Form durch den Unterschied ausgedrückt, und es ist diese Form gar keine andere als die vordem in unbestimmter Weise durch die Gattung bezeichnete. Daher sagt auch der Kommentator zum elften Buch der Metaphysik[14], daß der erste Stoff einer der Zahl nach genannt werde auf Grund der Abwesenheit sämtlicher Formen, dagegen spreche man von Gattung als einer der Zahl nach vermöge der Gemeinsamkeit, der vorbezeichneten [auf nähere Bestimmung hingeordneten] Form[15]. Daraus folgt, daß durch das Hinzutreten des unterscheidenden Merkmales jene Unbestimmtheit beseitigt wird, welche der Grund für die Einheit der Gattung war, und daß dann die Arten übrig bleiben, deren jede ein verschiedenes Wesen besitzt. Die Natur der Art ist nun, wie gesagt, unbestimmt, gemessen am Individuum, so

---

indifferentia procedit, non autem ita, quod illud quod significatur per genus sit una natura numero in diversis speciebus, cui superveniat res alia, quae sit differentia determinans ipsum, sicut forma determinat materiam, quae est una numero, sed quia genus significat aliquam formam non tamen determinate hanc vel illam, quam determinate differentia exprimit, quae non est alia quam illa, quae indeterminate significabatur per genus. Et ideo dicit Commentator in xi Metaphysicae quod materia prima dicitur una per remotionem omnium formarum, sed genus dicitur unum per communitatem formae signatae. Unde patet quod per additionem differentiae, remota illa indeterminatione, quae erat causa unitatis generis, remanent species per essentiam diversae. Et quia, ut dictum est, natura speciei est indeterminata respectu individui sicut natura generis respectu speciei, inde est

wie es die Natur der Gattung ist, gemessen an der Art; daher schließt auch das, was die Gattung ausmacht, insoferne sie von der Art ausgesagt wird, in ihrer Bedeutung allerdings in der Weise der Ungeschiedenheit alles das ein, was in der Art in bestimmter Weise angetroffen wird. So muß auch das, was die Art ausmacht, soferne diese von einem Individuum ausgesagt wird, alles, was einem Individuum wesenhaft, obzwar ungeschieden, bezeichnen. In diesem Sinne wird das Wesen der Art durch das Wort: Mensch ausgedrückt; daher wird Mensch von Sokrates ausgesagt. Wenn aber die Natur der Art ausgedrückt wird mit Ausschluß des vorbezeichneten [auf Vereinzelung hingeordneten] Stoffes — der die Grundlage der Vereinzelung beistellt — so verhält sie sich nach der Weise eines Teiles. Diesem Sinne entspricht der Ausdruck: Menschhaftigkeit; damit wird nämlich dasjenige bezeichnet, vermöge dessen ein Mensch eben ein Mensch ist. Der vorbestimmte [auf Vereinzelung hingeordnete] Stoff ist aber nicht dasjenige, vermöge dessen ein Mensch eben ein Mensch ist; und daher ist er [der Stoff] in keiner Weise unter jenen Stücken enthalten, vermöge deren dem Menschen das Mensch-Sein zukommt. Da nun Menschhaftigkeit ihrem Begriffe nach nur das einschließt, vermöge dessen dem Menschen das Mensch-Sein zukommt, so wird klar, daß der vorbezeichnete [auf

---

quod sicut id quod est genus, prout praedicatur de specie, implicat in sua significatione quamvis indistincte totum quod determinate est in specie. Ita etiam id quod est species secundum quod praedicatur de individuo, oportet quod significet totum id quod essentialiter est in individuo licet indistincte. Et hoc modo essentia speciei significatur nomine hominis: unde homo de Socrate praedicatur. Si autem significatur natura speciei cum praecisione materiae designatae, quae est principium individuationis, sic se habebit per modum partis. Et hoc modo significatur nomine humanitatis; humanitas enim significat id unde homo est homo. Materia autem designata non est illud unde homo est homo; et ita nullo modo continetur inter illa, ex quibus homo habet quod sit homo. Cum ergo humanitas in suo intellectu includat tantum ea, ex quibus homo habet quod sit homo, patet

Vereinzelung hingeordnete] Stoff aus diesem Bedeutungsgehalt ausgeschlossen ist oder davon vorgängig ausgeschieden wird. Da ferner ein Teil nicht von einem Ganzen [dem er angehört] ausgesagt werden kann, kann man weder mit »Mensch« noch mit »Sokrates« dieses Wort: Menschhaftigkeit durch ein »ist« verknüpfen[16]. Darum sagt auch AVICENNA[17], daß das Wassein eines Zusammengesetzten nicht selbst jenes Zusammengesetzte sei, dessen Washeit es ausmacht, obwohl das Wassein selbst zusammengesetzt sein kann; so ist Menschhaftigkeit zwar zusammengesetzt[18], aber sie ist nicht der Mensch; damit ein Mensch sei, muß jene notwendigerweise von einem anderen Etwas aufgenommen sein, eben von dem vorbezeichneten [auf die Vereinzelung hingeordneten] Stoff. Es wurde schon bemerkt, daß die nähere Bestimmung der Art gegenüber der Gattung durch Formen geschieht, die nähere Bestimmung des Individuums aber gegenüber der Art durch den Stoff; daher muß der Ausdruck, der jenes Etwas bezeichnen soll, wovon die Natur der Gattung entnommen wird – und zwar unter Absehung von der bestimmten Form, vermöge derer die Art entsteht – einen stofflichen Teil des Ganzen bezeichnen, auf die Weise, wie der Leib ein stofflicher Teil des Menschen ist. Der Ausdruck aber, der dasjenige bezeichnet, wovon die Natur der Art unter Ab-

---

quod a significatione eius excluditur vel praeciditur materia designata. Et quia pars non praedicatur de toto, inde est quod humanitas nec de homine nec de Socrate praedicatur. Unde dicit AVICENNA quod quiditas compositi non est ipsum compositum, cuius est quiditas, quamvis etiam ipsa quiditas sit composita, sicut humanitas, licet sit composita, non tamen est homo, imo oportet quod sit recepta in aliquo quod est materia designata. Sed quia, ut dictum est, designatio speciei respectu generis est per formas, designatio autem individui respectu speciei est per materiam: ideo oportet ut nomen significans id, unde natura generis sumitur cum praecisione formae determinatae perficientis speciem significet partem materialem totius, sicut corpus est pars materialis hominis. Nomen autem significans id, unde sumitur natura speciei cum praecisione materiae designatae, signifi-

sehung von dem vorbezeichneten [auf Vereinzelung hingeordneten] Stoffe gewonnen wird, bezeichnet einen formhaften Teil. Daher hat die Menschhaftigkeit die Bedeutung irgendeiner Form, und sie wird die Form des Ganzen genannt; freilich meint man damit nicht, daß sie zu den wesentlichen Teilen — nämlich Stoff und Form — hinzukäme, wie etwa die Form des Hauses zu dessen integrierenden Bestandteilen hinzukommt; sie ist vielmehr eine Form, die das Ganze ist, indem sie Form und Stoff zugleich umfaßt, unter Ausschluß jedoch aller jener Momente, vermöge welcher der Stoff grundsätzlich näherer Bestimmung unterworfen werden kann[19]. Es erhellt also, daß das Wesen des Menschen sowohl durch das Wort: Mensch als auch durch jenes: Menschhaftigkeit bezeichnet wird, aber, wie gesagt, auf je andere Weise, weil Mensch dieses Wesen als Ganzes meint, indem dabei von der näheren Bestimmung des Stoffes nicht abgesehen wird, sondern diese vielmehr unausdrücklich und ungeschieden in dem Begriffe enthalten ist (wir sagten ja, daß der Gattungsbegriff den Unterschied enthalte); daher kann dieses Wort: Mensch von Individuen ausgesagt werden. Das Wort Menschhaftigkeit dagegen bezeichnet das Wesen [des Menschen] als einen Teil, weil es [das Wort] in seiner Bedeutung nur jene Momente enthält, die dem Menschen zukommen, insoweit er

---

cat partem formalem. Et ideo humanitas significatur ut forma quaedam, et dicitur quod est forma totius, non quidem quasi superaddita partibus essentialibus scilicet formae et materiae, sicut forma domus superadditur partibus integralibus eius, sed magis est forma, quae est totum, scilicet formam complectens et materiam, cum praecisione tamen eorum, per quae nata est materia designari. Sic igitur patet quod essentiam hominis significat hoc nomen homo et hoc nomen humanitas, sed diversimode ut dictum est, quia hoc nomen homo significat eam ut totum, in quantum scilicet non praecidit designationem materiae, sed implicite continet eam et indistincte, sicut dictum est, quod genus continet differentiam; et ideo praedicatur hoc nomen »homo« de individuis. Sed hoc nomen »humanitas« significat eam ut partem, quia non continet in significatione sua nisi id

[überhaupt] Mensch ist, und alle Bestimmung des Stoffes ausschließt; daher kann die Menschhaftigkeit von einzelnen Menschen nicht ausgesagt werden. So wird manchmal dieses Wort: Wesen als Aussage über ein Einzelding angetroffen: wir sagen ja, Sokrates »sei« dieses oder jenes Wesen; und manchmal lautet eine solche Aussage verneinend, so, wenn wir sagen, daß das Wesen des Sokrates nicht der Sokrates sei.

IV

NACHDEM WIR gesehen haben, was der Ausdruck: Wesen im Falle der zusammengesetzten Substanzen bedeute, müssen wir untersuchen, wie er sich zu den Begriffen Gattung, Art und Unterschied verhalte. Alles nämlich, was mit dem Begriff der Gattung oder der Art oder des Unterschiedes übereinkommt, kann von einem bestimmten Einzelding ausgesagt werden; daher ist es unmöglich, daß der Allgemeinbegriff — der Gattungs- oder der Artbegriff — dem Wesen zukommen könne, wenn er zur Bezeichnung eines Teiles dient, wie das bei den Ausdrücken: Menschhaftigkeit oder Lebendigkeit[1] der Fall ist. Daher sagt AVICENNA[2], daß die Vernünftigkeit nicht ein unterscheidendes Merkmal, sondern die Grundlage eines Unterschiedes sei; und aus dem gleichen Grunde ist Menschhaftigkeit kein Art-

---

quod est hominis inquantum est homo, et praecidit omnem designationem materiae; unde de individuis hominis non praedicatur. Et propter hoc quandoque hoc nomen essentia invenitur praedicatum de re: dicimus enim Socratem esse essentiam quamdam; et quandoque negatur, sicut dicimus quod essentia Socratis non est Socrates.

IV

VISO QUID significetur nomine essentiae in substantiis compositis videndum est quomodo se habeat ad rationem generis, speciei et differentiae. Quia autem id, cui convenit ratio generis vel speciei vel differentiae, praedicatur de hoc singulari signato, impossibile est quod ratio universalis scilicet generis vel speciei conveniat essentiae secundum quod per modum partis significatur ut nomine humanitatis vel animalitatis. Et ideo dicit AVICENNA quod rationalitas non est differentia, sed differentiae prin-

begriff oder Lebendigkeit keine Gattung. Man kann aber auch nicht sagen, daß dem Wesen die Bedeutung von Gattung oder Art zukomme, insoferne jenes ein Einzeldasein außerhalb der Einzeldinge hätte, wie die PLATONIKER[3] annahmen, weil dann von einem bestimmten Individuum [die Zugehörigkeit zu] Gattung und Art nicht ausgesagt werden könnten; denn man kann nicht sagen, daß Sokrates ein Etwas sei, das von ihm getrennt wäre; noch nützte dieses getrennte Etwas irgend bei der Erkenntnis jenes Einzeldinges. Infolgedessen bleibt nur übrig, daß die Bedeutung von Gattung und Art dem Wesen nur insoferne zukommen, als dieser Begriff zur Bezeichnung des Ganzen verwendet wird, wie in: »Mensch« oder »Lebewesen«, da dann alles das, was in einem Einzelnen ist, obzwar unausdrücklich und ununterschieden, darin enthalten ist.

So aufgefaßt kann aber Natur (oder Wesen) in zweifacher Weise betrachtet werden[4]: einmal nach ihrem eigensten Sinn, d. h. indem sie unabhängig von anderem betrachtet wird. Unter dieser Bedingung gilt vom Wesen nur was ihm seinem eigensten Bestande nach zukommt. Daher ist jede Zuerkennung von irgendetwas anderem falsch; z. B. auf den Menschen trifft, insoferne er Mensch ist, zu

---

cipium; et eadem ratione humanitas non est species nec animalitas genus. Similiter etiam non potest dici quod ratio generis vel speciei conveniat essentiae secundum quod est res quaedam existens extra singularia, ut PLATONICI ponebant, quia sic genus et species non praedicarentur de hoc individuo; non enim potest dici quod Socrates sit hoc quod ab eo separatum est; nec iterum separatum illud proficeret in cognitione huius singularis. Et ideo relinquitur quod ratio generis vel speciei conveniat essentiae secundum quod significatur per modum totius ut nomine hominis vel animalis, prout implicite et indistincte continet totum hoc, quod in individuo est.

Natura autem vel essentia sic accepta potest dupliciter considerari: uno modo, secundum rationem propriam, et haec est absoluta consideratio ipsius. Et hoc modo nihil est verum de ea nisi quod convenit sibi secundum quod huiusmodi. Unde quidquid aliorum sibi attribuitur falsa est attributio: v. gr. homini in eo

die Aussage der Vernünftigkeit und der Lebendigkeit und sonstiger Merkmale, die von seinem Begriff umfaßt werden. Dagegen kommen dem Menschen, als Menschen, nicht zu solche Merkmale wie weiß oder schwarz u. dgl., die nicht zum Sinngehalt von Menschhaftigkeit gehören[5]. Fragt man nun, ob die Natur so verstanden eine eine oder eine mehrfache genannt werden solle, so ist keine der beiden Behauptungen anzuerkennen, weil eine jede sich auf etwas bezieht, was jenseits des Begriffes der Menschhaftigkeit liegt und beides zu diesem hinzutreten kann. Gehört nämlich die Mehrheit zum Begriffe [der Menschhaftigkeit], so könnte sie niemals eine sein, was sie aber ist, soferne sie in Sokrates vorhanden ist. Gleichermaßen: gehörte Einheit zum Begriffsbestande, so hätten Sokrates und Plato ein und dieselbe Natur und diese könnte nicht vervielfältigt in mehreren Einzelnen vorhanden sein. — Auf eine andere Weise wird aber die Natur betrachtet, wenn man von dem Sein ausgeht, das sie in diesem oder jenem Einzelnen hat; und dann wird von ihr auch etwas ausgesagt, das gemäß der Beschaffenheit dessen, darin sie ist [des Trägers], zu ihr hinzukommt; so wenn man z. B. sagt, der Mensch sei weiß, weil Sokrates weiß ist, obwohl diese Bestimmung dem Menschen, insoferne er eben [überhaupt] Mensch ist, nicht zukommt.

---

quod est homo convenit rationale et animal et alia, quae in definitione eius cadunt. Album vero vel nigrum vel quidquid huiusmodi, quod non est de ratione humanitatis, non convenit homini in eo quod est homo. Unde si quaeratur utrum ista natura sic considerata possit dici una vel plures, neutrum concedendum est, quia utrumque est extra intellectum humanitatis et utrumque potest sibi accidere. Si enim pluralitas esset de intellectu eius, numquam posset esse una, cum tamen una sit secundum quod est in Socrate. Similiter si unitas esset de intellectu eius, tunc esset una et eadem natura Socratis et Platonis nec posset in pluribus plurificari. — Alio modo consideratur secundum esse quod habet in hoc vel in illo, et sic de ipsa aliquid praedicatur per accidens ratione eius, in quo est, sicut dicitur quod homo est albus quia Socrates est albus, quamvis hoc non conveniat homini in eo quod est homo.

Diese Natur hat nun ein zweifaches Sein: erstens in den Einzeldingen und zweitens in der Seele; und jeder dieser Seinsweisen zufolge treten zur Natur Nebenbestimmungen hinzu. Sie hat in den Einzeldingen ein vielfältiges Sein wegen der Verschiedenheiten der Einzeldinge; dennoch wird dieser Natur selbst, wenn sie ihrem eigensten Begriff nach, d. h. unabhängig für sich, betrachtet wird, das Sein keines dieser Einzelnen zuteil. Es ist falsch, wenn behauptet wird, daß die Natur des Menschen, soferne sie solcher Art verstanden wird, Sein in einem gegebenen Einzelnen besitze; käme nämlich ihr Sein in einem Einzelnen dem Menschen als Menschen zu, so wäre sie niemals außerhalb gerade dieses einen Einzelnen anzutreffen. Käme es anderseits dem Menschen als Menschen zu, daß sein Wesen nicht in diesem einen Einzelnen sei, so wäre es dort überhaupt niemals anzutreffen. Man muß vielmehr richtigerweise sagen, daß es dem Wesen des Menschen als Menschen nicht eigentümlich sei, in diesem oder jenem Einzelnen oder in der Seele zu sein[6]. Es ist daher klar, daß die Natur des Menschen, unbedingt und für sich angesehen, von jedem wie immer gearteten Sein absieht, ohne doch irgendeine Weise des Seins auszuschließen[7]. So verstanden wird die Natur von allen Individuen ausgesagt. Man kann aber nicht be-

---

Haec autem natura duplex habet esse: unum in singularibus, aliud in anima; et secundum utrumque consequuntur dictam naturam accidentia. Et in singularibus multiplex habet esse secundum singularium diversitatem et tamen ipsi naturae secundum propriam suam considerationem scilicet absolutam nullum istorum esse debetur. Falsum enim est dicere quod natura hominis inquantum huiusmodi habeat esse in hoc singulari, quia si esse in hoc singulari conveniret homini inquantum homo est, nunquam esset extra hoc singulare. Similiter si conveniret homini inquantum est homo non esse in hoc singulari, nunquam esset in eo. Sed verum est dicere quod homo inquantum est homo non habet quod sit in hoc singulari vel in illo aut in anima. Patet ergo quod natura hominis absolute considerata abstrahit a quolibet esse, ita tamen quod non fiat praecisio alicuius eorum. Et haec natura sic considerata est quae praedicatur de individuis

haupten, daß der so aufgefaßten Natur der Sinn eines Allgemeinbegriffes zukomme, weil zu diesem [Sinn] die Einheit und Gemeinsamkeit gehören. Der menschlichen Natur aber kommt, wenn sie unbedingt und für sich angesehen wird, keine dieser beiden Bestimmungen zu. Wäre nämlich Gemeinsamkeit[8] ein Merkmal des [hier gemeinten] Begriffes: Mensch, so müßte wo immer Menschhaftigkeit angetroffen wird, auch Gemeinsamkeit angetroffen werden. Das aber ist unrichtig; denn im Sokrates wird keinerlei Gemeinschaft angetroffen, vielmehr ist alles, was in ihm ist, durchaus vereinzelt [und nicht weiter aufteilbar oder mehreren zukommend].

Ebensowenig kann man sagen, daß der menschlichen Natur die Bedeutung von Gattung oder Art zukomme zufolge des Seins, das sie in den Einzelnen hat; denn die menschliche Natur wird in den Einzelnen nicht in der Weise der Einheit angetroffen, so daß sie irgendein Eines sei, welches allen zukäme, wie es der Sinn des Allgemeinbegriffes verlangt. Man kann daher nur sagen, daß der menschlichen Natur der Sinn von Art nur gemäß jenes Seins zuerkannt werden könne, das sie im menschlichen Denken hat. Im Denken nämlich hat die menschliche Natur ein Sein, das von allen vereinzelnden Momenten abge-

---

omnibus. Non tamen potest dici quod ratio universalis conveniat naturae sic acceptae, quia de ratione universalis est unitas et communitas. Naturae autem humanae neutrum horum convenit secundum suam absolutam considerationem. Si enim communitas esset de intellectu hominis, tunc in quocumque inveniretur humanitas inveniretur communitas. Et hoc falsum est, quia in Socrate non invenitur communitas aliqua, sed quidquid est in eo individuatum est.

Similiter etiam non potest dici quod ratio generis vel speciei accidat naturae humanae secundum esse quod habet in individuis, quia non invenitur in individuis natura humana secundum unitatem, ut sit unum quid omnibus conveniens, quod ratio universalis exigit. Relinquitur ergo quod ratio speciei accidat naturae humanae secundum illud esse quod habet in intellectu. Ipsa enim natura humana habet esse in intellectu abstractum ab

löst ist, und daher besitzt sie auch [dort] eine einförmige[9] Bedeutung in bezug auf alle Einzelnen, die außerhalb der Seele sind, soferne sie gleichermaßen ein Zeichen[10] für alle ist und zur Erkenntnis aller Einzelnen als Menschen führt. Durch diesen Umstand einer solchen Beziehung auf alle Einzelnen erlangt und behält der Begriff [der menschlichen Natur] den Sinn eines Artbegriffes. Daher sagt auch der KOMMENTATOR im ersten Buch über die Seele[11], daß es der Verstand sei, welcher die Allgemeinheit in den Dingen bewirke; die gleiche Ansicht vertritt auch AVICENNA in seiner Metaphysik[12]. Wiewohl nun diese Natur, als eine gedachte, die Bedeutung eines Allgemeinbegriffes hat, da sie, auf Einzeldinge außerhalb der Seele bezogen, eben ein Zeichen für diese alle darstellt, so ist sie doch gemäß des Seins, das sie in dem Denken dieses oder jenes anderen [Geistes] hat, eine je nur als vereinzelte erfaßte Art. Der KOMMENTATOR wollte[13], im dritten Buche über die Seele, aus der Allgemeinheit der gedachten Formen die Einheit des denkenden Geistes in allen Menschen folgern; das ist aber ein Fehlschluß, denn die Allgemeinheit dieser Form gründet nicht in ihrem Sein innerhalb des Denkens, sondern in ihrer Bezogenheit auf die Dinge als deren Zeichen,

---

omnibus individuantibus, et ideo habet rationem uniformem ad omnia individua, quae sunt extra animam, prout aequaliter est similitudo omnium et inducens in cognitionem omnium inquantum sunt homines. Et ex hoc quod talem relationem habet ad omnia individua intellectus adinvenit rationem speciei et attribuit sibi. Unde dicit COMMENTATOR in primo De anima quod intellectus est qui agit universalitatem in rebus; hoc etiam dicit AVICENNA in sua Metaphysica. Et quamvis haec natura intellecta habeat rationem universalis secundum quod comparatur ad res extra animam, quia est una similitudo omnium, tamen secundum quod habet esse in hoc intellectu vel in illo est species quaedam intellecta particularis. Et ideo patet defectus COMMENTATORIS in III De anima, qui voluit ex universalitate formae intellectae unitatem intellectus in omnibus hominibus concludere, quia non est universalitas illius formae secundum hoc esse quod habet in intellectu, sed secundum quod refertur ad res ut simili-

sowie offenbar eine leibhaftige Statue, welche viele Menschen darstellte als Bild oder Gestalt ein einzelnes und eigenes Sein hätte zufolge ihrer Gebildetheit aus dem betreffenden Stoff, aber einen Allgemeinsinn besäße, weil sie eine Mehrheit verträte und [gewissermaßen] in sich vereinigte[14]. Weil nun die menschliche Natur, für sich und unbedingt verstanden, von Sokrates ausgesagt werden kann, ihr aber in diesem Sinne die Bedeutung eines Artbegriffes nicht eigen ist, sondern nur zu den Nebenbestimmungen[15] gehört, die nur zu ihr hinzutreten zufolge des Seins, das sie [die Natur] im Denken hat, so kann auch der Ausdruck »Art« nicht von Sokrates ausgesagt werden; der Satz: »Sokrates ist [eine] Art« ist daher unmöglich; er bestände aber notwendigerweise zu Recht, wenn dem Begriff »Mensch« der Sinn eines Artbegriffes eignete, gemäß des Seins, das die Art in Sokrates hat oder wenn er unbedingt und für sich aufgefaßt würde, d. h. im Sinne von Mensch überhaupt. Was immer dem Menschen als Menschen zukommt, kann von Sokrates ausgesagt werden. Es gehört indes zu den Grundeigenschaften der Gattung, die in deren Begriffsbestimmung enthalten sind, von einem Einzelding ausgesagt werden zu können. Eine Aussage kommt zustande durch

---

tudo rerum, sicut etiam, si esset una statua corporalis repraesentans multos homines, constat quod illa imago vel species statuae haberet esse singulare et proprium secundum quod esset in hac materia, sed haberet rationem communitatis secundum quod esset commune repraesentativum plurium. Et quia naturae humanae secundum suam absolutam considerationem convenit quod praedicetur de Socrate, et ratio speciei non convenit sibi secundum suam absolutam considerationem, sed est de accidentibus, quae consequuntur eam secundum esse, quod habet in intellectu, ideo nomen speciei non praedicatur de Socrate, ut dicatur: »Socrates est species«, quod de necessitate accideret, si ratio speciei conveniret homini secundum esse, quod habet in Socrate vel secundum suam absolutam considerationem scilicet inquantum est homo. Quidquid enim convenit homini inquantum est homo praedicatur de Socrate. Et tamen praedicari convenit generi per se, cum in eius definitione ponatur. Praedicatio enim

die Tätigkeit des einenden und trennenden Denkens und hat ihre sachliche Grundlage in der Einheit eben jener beiden, deren eines von dem anderen ausgesagt wird[16]. Sohin kann das Moment der Aussagbarkeit in den Sinn jenes Begriffes Gattung [jenes auf die Erfassung von Gattung zielenden Begreifens] hineingenommen werden, welcher gleichermaßen durch eine Denkleistung zustandekommt. Nichtsdestoweniger ist dasjenige, dem das Denken das begriffliche Moment der Aussagbarkeit, durch die Verbindung des einen mit dem anderen, zuerkennt, nicht der Gattungsbegriff selbst, sondern vielmehr dasjenige, dem das Denken die Bedeutung »Gattung« verleiht, wie etwa das, was durch das Wort »Lebewesen« bezeichnet wird.

Damit ist die Beziehung zwischen Natur (oder Wesen) zum Artbegriff klargestellt; die Bedeutung von Art gehört nicht zu jenen Momenten, die ihr unbedingt und für sich genommen zukommen, noch gehört sie zu den Nebenbestimmungen als Folgen des Seins außer der Seele — wie Weiße oder Schwärze —, sondern zu jenen Nebenbestimmungen, die vom Sein im Denken herrühren: und in diesem Sinne eignet dem Wesen der Sinn von Gattung oder Unterschied.

---

est quoddam, quod completur per actionem intellectus componentis et dividentis, habens fundamentum in re ipsam unitatem eorum, quorum unum de altero dicitur. Unde ratio praedicabilitatis potest claudi in ratione huius intentionis, quae est genus, quae similiter per actum intellectus completur. Nihilominus tamen id, cui intellectus praedicabilitatis intentionem attribuit componens unum cum altero, non est ipsa intentio generis, sed potius id, cui intellectus intentionem generis attribuit, sicut quod significatur hoc nomine »animal«.

Sic ergo patet qualiter essentia vel natura se habet ad rationem speciei, quia ratio speciei non est de his, quae conveniunt ei secundum suam absolutam considerationem, neque de accidentibus, quae consequuntur ipsam secundum esse, quod habet extra animam ut albedo vel nigredo, sed est de accidentibus, quae consequuntur eam secundum esse, quod habet in intellectu: et per hunc modum convenit sibi ratio generis vel differentiae.

V

NUNMEHR IST zu fragen, in welcher Weise das Wesen in den abgesonderten Substanzen sei, nämlich in der Seele, den Intelligenzen und der ersten Ursache. Es kommen zwar alle darin überein, daß der ersten Ursache Einfachheit zuzuerkennen sei; manche aber möchten eine Zusammengesetztheit aus Stoff und Form auch für die Intelligenzen und die Seelen geltend machen, welche Meinung anscheinend auf das Werk: Quell des Lebens des AVICEBRON[1] zurückgeht. Diese Ansicht steht aber mit der allgemeinen Lehre der Philosophen in Widerspruch, die ja jene Intelligenzen und Seelen als vom Stoff abgetrennt auffassen und beweisen, daß sie ohne allen Stoff seien. Der stärkste Beweisgrund hierfür liegt in der jenen Geistern eigenen Denkkraft. Die Formen können nämlich tatsächlich vom Verstande nur erfaßt werden, soferne sie vom Stoff und dessen Bedingungen abgelöst werden; und ihre Erfassung durch den Verstand ist auch nur so weit möglich, als sie vermöge der Kraft der verstehenden Substanz [des auffassenden Geistes] in dieser aufgenommen und in ihr wirksam werden. Daher muß notwendigerweise jede verstehende [geistige] Substanz durchaus von Stoff frei sein, derart, daß sie weder

---

V

NUNC RESTAT videre per quem modum sit essentia in substantiis separatis, scilicet in anima, intelligentiis et causa prima. Quamvis autem simplicitatem causae primae omnes concedant, tamen compositionem materiae et formae quidam nituntur inducere in intelligentiis et animabus, cuius positionis auctor videtur fuisse AVICEBRON auctor Libri fontis vitae. Hoc autem dictis philosophorum communiter repugnat, quia eas substantias a materia separatas nominant et absque omni materia esse probant. Cuius demonstratio potissima est ex virtute intelligendi, quae in eis est. Videmus enim formas non esse intelligibiles in actu nisi secundum quod separantur a materia et a conditionibus eius; nec efficiuntur intelligibiles in actu, nisi per virtutem substantiae intelligentis secundum quod recipiuntur in ea et secundum quod aguntur per eam. Unde oportet quod in qualibet substantia intelligente sit omnimoda immunitas a materia, ita quod neque habeat

einen stofflichen Teil in sich habe, noch die Beschaffenheit einer dem Stoffe eingeprägten Form, wie das bei den stofflichen Formen der Fall ist.

Man kann übrigens auch nicht behaupten, daß nicht jeder beliebige, sondern nur der körperliche Stoff die Erfaßbarkeit durch den Verstand behindere[2]. Gälte dies nämlich nur vom körperlichen Stoffe, so müßte — da von körperlichem Stoffe nur die Rede sein kann, soferne er in einer körperlichen Form erscheint — der Stoff diese Fähigkeit, die verstandesmäßige Erfaßbarkeit aufzuheben, von der körperlichen[3] Form her haben. Das aber ist unmöglich, weil auch die stoffliche Form wirklich verstandesmäßig erfaßt werden kann, wie auch andere Formen, soferne sie von dem Stoffe abgezogen werden. Daher gibt es in der Seele oder den Geistern in keiner Weise eine Zusammensetzung aus Stoff und Form, so daß man in ihnen das Bestehen eines Stoffes annehmen dürfte, gleichwie in den körperlichen Substanzen; wohl aber gibt es auch bei jenen eine Zusammensetzung aus Form und Sein[4]. Daher sagt die Erläuterung zum neunten Satz des »*Liber de causis*«[5], daß die Geister Form und Sein hätten, wobei Form dort im Sinne von Washeit oder einfachhin Natur gemeint ist. Daß dem so sei,

---

materiam partem sui neque etiam sit sicut forma impressa materiae, ut est de formis materialibus.

Nec potest aliquis dicere quod intelligibilitatem non impediat materia quaelibet, sed materia corporalis tantum. Si enim hoc esset ratione materiae corporalis tantum, cum materia non dicatur corporalis nisi secundum quod stat sub forma corporali, tunc oporteret quod hoc haberet materia scilicet impedire intelligibilitatem a forma corporali. Et hoc non potest esse, quia ipsa etiam forma corporalis actu intelligibilis est sicut et aliae formae secundum quod a materia abstrahuntur. Unde in anima vel in intelligentia nullo modo est compositio ex materia et forma, ut hoc modo accipiatur materia in eis sicut in substantiis corporalibus, sed est ibi compositio formae et esse. Unde in commento nonae propositionis Libri de causis dicitur quod intelligentia est habens formam et esse, et accipitur ibi forma pro ipsa quiditate vel natura simplici. Et quomodo hoc sit planum est

ist leicht einzusehen. Wann immer zwei sich so zueinander verhalten, daß das eine die Ursache des anderen sei, so gilt, daß dasjenige, dem die Rolle der Ursache zufällt, ein Sein haben könne ohne das andere; aber die Umkehrung gilt nicht. Derart aber ist das Verhältnis von Stoff und Form, weil die Form dem Stoffe das Sein verleiht. Daher kann kein Stoff ohne irgendeine Form sein. Aber es ist nicht unmöglich, daß eine Form ohne Stoff sei. Denn die Form als solche hängt nicht vom Stoff ab; wenn es irgendwelche Formen gibt, die nur im Stoff [in Verbindung damit] sein können, so rührt dies daher, daß sie [diese Formen] vom Urgrunde, der ersten und reinen Wirklichkeit, weit entfernt sind. Jene Formen, welche dem Urgrund am nächsten stehen, sind daher solche, die für sich und ohne Stoff Dasein haben; denn nicht jede Form schlechthin, die unter diesen Gattungsbegriff fällt, ist, wie gesagt, des Stoffes bedürftig; und dies eben trifft auf die Geister als Formen zu. Daher ist es nicht notwendig, daß das Wesen oder die Washeit dieser Substanzen etwas anderes seien, als eben die Form selbst.

Das Wesen der zusammengesetzten Substanz und das der einfachen unterscheiden sich sohin dadurch, daß das Wesen

---

videre. Quaecumque enim ita se habent ad invicem quod unum est causa esse alterius, illud quod habet rationem causae potest habere esse sine altero, sed non convertitur. Talis autem invenitur habitudo materiae et formae quod forma dat esse materiae. Et ideo impossibile est esse materiam sine aliqua forma. Tamen non est impossibile esse aliquam formam sine materia. Forma enim in eo quod est forma non habet dependentiam ad materiam, sed si inveniantur aliquae formae, quae non possunt esse nisi in materia, hoc accidit eis secundum quod sunt distantes a primo principio, quod est actus primus et purus. Unde illae formae, quae sunt propinquissimae primo principio, sunt formae per se sine materia aubsistentes; non enim forma secundum totum genus suum materia indiget, ut dictum est; et huiusmodi formae sunt intelligentiae. Et ideo non oportet ut essentiae vel quiditates harum substantiarum sint aliud quam ipsa forma.

In hoc ergo differt essentia substantiae compositae et substantiae

der ersten nicht nur Form ist, sondern Form und Stoff einschließt, während jenes der zweiten nur [reine] Form ist. Daraus folgen nun zwei weitere Unterschiede; erstens: als Wesen der zusammengesetzten Substanz kann man sowohl das Ganze als auch einen Teil bezeichnen, was, wie gesagt, zufolge der Vorbezeichnung [vorgängigen Hinordnung auf Vereinzelung] des Stoffes geschieht. Daher kann das Wesen eines zusammengesetzten Dinges nicht auf jede beliebige Weise von diesem zusammengesetzten Ding ausgesagt werden; denn man kann nicht sagen, der Mensch sei seine Washeit. Bei einem einfachen Dinge aber, welches eben seine Form ist, kann als Wesen immer nur das Ganze bezeichnet werden, weil dort außer der Form nichts anderes vorfindlich ist, das gewissermaßen eine Form aufnähme; daher kann von einer einfachen Substanz das Wesen, wie immer genommen, ausgesagt werden. So sagt auch AVICENNA[6], daß »die Washeit eines Einfachen und dieses Einfache dasselbe« seien, weil es dort nichts anderes gibt, das jene [Washeit] aufnehmen könnte. Der zweite Unterschied ist der, daß das Wesen der zusammengesetzten Dinge, weil es in dem vorbezeichneten [vorgängig hingeordneten] Stoff aufgenommen wird, sich gemäß dessen

---

simplicis, quod essentia substantiae compositae non est tantum forma, sed complectitur formam et materiam; essentia autem substantiae simplicis est forma tantum. Et ex hoc causantur aliae duae differentiae: una est quod essentia substantiae compositae potest significari ut totum vel ut pars, quod accidit propter materiae designationem, ut dictum est. Et ideo non quolibet modo praedicatur essentia rei compositae de ipsa re composita; non enim potest dici quod homo sit quiditas sua. Sed essentia rei simplicis, quae est sua forma, non potest significari nisi ut totum, cum nihil sit ibi praeter formam quasi formam recipiens: et ideo quocumque modo sumatur essentia substantiae simplicis de ea praedicatur. Unde AVICENNA dicit quod quiditas simplicis est ipsummet simplex, quia non est aliquid aliud recipiens ipsam. — Secunda differentia est quod essentiae rerum compositarum ex eo quod recipiuntur in materia designata multiplicantur secundum divisionem eius, unde contingit quod aliqua sint idem spe-

Aufteilung vervielfältigt, daher es mehreres gibt, was der Art nach gleich, der Zahl nach verschieden ist. Da aber das Wesen des Einfachen nicht von einem Stoff aufgenommen wird, kann es in diesem Falle keine derartige Vervielfältigung geben; sohin können auch bei diesen Substanzen nicht mehrere Individuen der gleichen Art bestehen, sondern es gibt dort so viele Arten, als es Individuen gibt, wie das AVICENNA[7] ausdrücklich hervorhebt.

Wiewohl nun derartige Substanzen nur Formen ohne Stoff sind, so kommt ihnen dennoch nicht in jeder Hinsicht Einfachheit zu, so daß sie etwa reine Wirklichkeit wären; es ist ihnen vielmehr Möglichkeit beigemischt[8]. Das erhellt aus folgendem: Was nicht zum Begriff des Wesens oder der Washeit gehört, kommt von außen hinzu und bildet mit dem Wesen eine Zusammensetzung, weil kein Wesen ohne seine Teile begriffen werden kann. Es kann aber jedes Wesen oder jede Washeit begriffen werden auch ohne Bedachtnahme auf alles das, was unter den Begriff ihres Seins fiele; ich kann ja sehr wohl begreifen, was der Mensch oder der Phönix ist, und dabei durchaus in Unkenntnis darüber bleiben, ob diese unter den Naturgegenständen existieren. Daraus folgt, daß das Sein etwas anderes ist als das Wesen oder die Washeit[9], außer es handle sich um etwas, dessen

---

cie et diversa numero. Sed cum essentia simplicis non sit recepta in materia, non potest ibi esse talis multiplicatio; et ideo oportet ut non inveniantur in illis substantiis plura individua eiusdem speciei, sed quot sunt ibi individua tot sunt ibi species, ut AVICENNA expresse dicit.

Huiusmodi ergo substantiae, quamvis sint formae tantum sine materia, non tamen in eis est omnimoda simplicitas, ut sint actus purus, sed habent permixtionem potentiae. Et hoc sic patet: quidquid enim non est de intellectu essentiae vel quiditatis hoc est adveniens extra et faciens compositionem cum essentia, quia nulla essentia sine his, quae sunt partes essentiae, intelligi potest. Omnis autem essentia vel quiditas potest intellegi sine hoc quod aliquid intelligatur de esse suo: possum enim intelligere quid est homo vel phoenix et tamen ignorare an esse habeat in rerum natura. Ergo patet quod esse est aliud ab essentia vel quiditate,

Washeit sein Sein selbst wäre; dieses kann aber dann nur das Eine und Erste sein, weil eine Vervielfältigung nur entweder durch das Hinzukommen irgendeines unterscheidenden Merkmales möglich ist, so wie sich die Natur der Gattung in den Arten vielfältig darstellt, oder aber durch die Aufnahme der Form in verschiedenen Stoffen[10], wie die Natur der Art vervielfältigt in verschiedenen Individuen erscheint, oder dadurch, daß eines unbedingt[11] und für sich wäre, und ein anderes in irgendetwas aufgenommen; wenn es etwa eine für sich bestehende Wärme gäbe, so wäre diese vermöge ihrer Selbständigkeit etwas anderes als Wärme an einem Dinge. Wird aber irgendein Ding gesetzt, das nur Sein wäre, so daß dieses Sein für sich bestände, so vertrüge dieses Sein keinerlei Beifügung eines unterscheidenden Merkmales, weil es dann sofort nicht mehr reines Sein, sondern ein Sein und überdies irgendeine Form wäre; noch viel weniger vertrüge es die Beifügung eines Stoffes, denn dann wäre es nicht mehr selbständig, sondern stofflich. Sohin kann dieses Etwas, das sein eigenes Sein wäre, schlechthin nur eines sein. Daher muß in jedem anderen, von jenem verschiedenen, Ding dessen Sein [einerseits] und dessen Washeit oder Natur oder Form [anderseits] notwendig zweierlei sein[12]. Es ergibt sich also, daß in den Gei-

---

nisi forte sit aliqua res, cuius quiditas sit ipsum suum esse; et haec res non potest esse nisi una et prima, quia impossibile est, ut fiat plurificatio alicuius nisi per additionem alicuis differentiae, sicut multiplicatur natura generis in species vel per hoc quod forma recipitur in diversis materiis, sicut multiplicatur natura speciei in diversis individuis, vel per hoc quod unum est absolutum et aliud in aliquo receptum, sicut si esset quidam calor separatus, esset alius a calore non separato ex ipsa sua separatione. Si autem ponatur aliqua res, quae sit esse tantum, ita ut ipsum esse sit subsistens, hoc esse non recipiet additionem differentiae, quia iam non esset esse tantum, sed esse et praeter hoc forma aliqua; et multo minus recipiet additionem materiae, quia iam non esset esse subsistens sed materiale. Unde relinquitur quod talis res, quae sit suum esse, non potest esse nisi una. Unde oportet quod in qualibet alia re praeter eam aliud sit esse suum et aliud quiditas

stern ein Sein neben der Form sein muß; daher sagten wir, daß der [reine] Geist Form und Sein sei.

Was immer irgendeinem Etwas zukommt, ist entweder aus den Grundlagen seiner Natur verursacht, wie die Fähigkeit des Lachens beim Menschen, oder tritt aus irgendeinem außerhalb gelegenen Grunde [Ursprung[13]] hinzu, wie das Licht in der Luft aus der Wirkkraft der Sonne stammt. Das Sein selbst einer Sache aber kann nicht von der Form oder der Washeit dieser verursacht sein. Verursacht wird hier gemeint als einer Wirkursache entstammend; dann nämlich wäre eine Sache Ursache ihrer selbst und verliehe sich selbst das Sein, was unmöglich ist[14]. Daher muß jedes Ding, dessen Sein etwas anderes ist als seine Natur, sein Sein von wo anders her erhalten haben. Weil nun alles, was von einem anderen her ist, letztlich auf das, was von sich aus ist, als auf die erste Ursache zurückgeht, so muß es etwas geben, was für alle Dinge dadurch die Ursache des Seins ist, daß es selbst nur das Sein ist; wäre dem nicht so, so ginge die Reihe der Ursachen ins Endlose, weil, wie gesagt, jedes Ding, das nicht nur Sein wäre, eine Ursache für sein Sein haben müßte[15]. Demnach müssen auch

---

vel natura seu forma sua. Unde oportet quod in intelligentiis sit esse praeter formam; et ideo dictum est quod intelligentia est forma et esse.

Omne autem quod convenit alicui vel est causatum ex principiis naturae suae sicut risibile in homine, vel advenit ex aliquo principio extrinseco sicut lumen in aere ex influentia solis. Non autem potest esse quod ipsum esse sit causatum ab ipsa forma rei vel quiditate. Dico autem causatum sicut a causa efficiente, quia sic aliqua res esset sui ipsius causa et aliqua res seipsam in esse produceret, quod est impossibile. Ergo oportet quod omnis talis res, cuius esse est aliud quam sua natura, habeat esse ab alio. Et quia omne, quod est per aliud, reducitur ad id quod est per se sicut ad causam primam, oportet quod sit aliqua res, quae sit causa essendi omnibus rebus, eo quod ipsa est esse tantum; alias iretur in infinitum in causis, cum omnis res, quae non est esse tantum, habeat causam sui esse, ut dictum est. Patet ergo quod intelligentia est forma et esse et quod habet esse a primo ente,

die Geister aus Form und Sein bestehen und ihr Sein von einem ersten Seienden her haben, welches nur Sein ist. Dieses aber ist die erste Ursache, d. h. Gott.

Was aber irgendetwas von einem anderen erhält, steht zu diesem [was es empfängt] im Verhältnis der Möglichkeit; und was von jenem in es aufgenommen wird, ist dann die Verwirklichung [Wirklichkeit][16]. Sohin muß auch jene Washeit oder Form, die ein Geist ist, sich hinsichtlich des Seins, das sie von Gott empfängt, als Möglichkeit verhalten; und das so empfangene Sein stellt dann die Verwirklichung [jener möglichen Form] dar. So findet sich also Möglichkeit und Wirklichkeit in den Geistern, nicht aber Form und Stoff, außer wenn man diese Ausdrücke in uneigentlichem Sinne versteht. Daher können auch Ausdrücke wie: leiden, aufnehmen, Träger sein [von Eigenschaften] u. dgl., welche den Dingen anscheinend auf Grund des Stoffes zukommen, nicht in eindeutig demselben Sinne von den geistigen und körperlichen Substanzen ausgesagt werden, wie das der KOMMENTATOR[17] im dritten Buch über die Seele anmerkt. Weil, wie gesagt, die Washeit der Geister deren Geistsein selbst ist, ist ihre Washeit oder ihr Wesen dasselbe, was sie selbst sind; und das Sein, das sie von Gott empfangen haben, ist eben das, wodurch das Wesen in der Natur der Dinge Bestand hat. Darum lehren manche, daß diese Substanzen zusammengesetzt

---

quod est esse tantum. Et hoc est causa prima, quae Deus est. Omne autem quod recipit aliquid ab alio est in potentia respectu illius; et hoc quod receptum est in eo est actus eius. Oportet ergo quod ipsa quiditas vel forma, quae est intelligentia, sit in potentia respectu esse, quod a Deo recipit; et illud esse receptum est per modum actus. Et ita invenitur potentia et actus in intelligentiis, non tamen forma et materia nisi aequivoce. Unde etiam pati, recipere, subiectum esse et omnia huiusmodi, quae videntur rebus ratione materiae convenire, aequivoce conveniunt substantiis intellectualibus et corporalibus, ut COMMENTATOR dicit in III De anima. Et quia, ut dictum est, intelligentiae quiditas est ipsamet intelligentia, ideo quiditas vel essentia eius est ipsum quod et ipsa; et esse suum receptum a Deo est id, quo subsistit in rerum

seien aus dem, »wodurch sie sind«, und dem, »was sie sind«, oder aus dem »Wassein« und dem »Sein«, wie sich BOËTHIUS[18] ausdrückt. Da nun in den Geistern Möglichkeit und Wirklichkeit anzunehmen sind, kann unschwer eine Mehrheit von Geistern angetroffen werden; dies aber wäre unmöglich, wenn in ihnen keinerlei Mögliches vorhanden wäre[19]. Darum sagt der KOMMENTATOR im dritten Buch[20] über die Seele, daß nur dann eine Mehrheit der selbständigen [getrennten, stoff-freien] Substanzen gefunden werden könne, wenn man die Natur des möglichen Verstandes im Auge behalte[21]. Es bestehen also unter jenen [Geistern] Unterschiede nach dem Grad der Möglichkeit und Wirklichkeit derart, daß ein Geist höheren Ranges, welcher dem Ersten näher steht, mehr an Wirklichkeit und weniger an Möglichkeit an sich hat; und so ordnen sich alle. Diese Reihe endet bei der Menschenseele, welche die unterste Stufe der geistigen Substanzen bildet. Daher verhält sich der menschliche mögliche Verstand zu den verstandesmäßigen Formen so wie der erste Stoff, welcher die unterste Stufe im sinnlich wahrnehmbaren Sein inne hat, zu den sinnlichen Formen, wie der KOMMENTATOR im dritten Buche über die Seele ausführt[22]. Folgerichtig vergleicht der PHILOSOPH[23] die Seele mit einer leeren Schreibtafel, auf

---

natura. Et propter hoc a quibusdam huiusmodi substantiae dicuntur componi ex »quo est« et »quod est« vel ex »quod est« et »esse«, ut BOËTHIUS dicit. Et quia in intelligentiis ponitur potentia et actus, non erit difficile invenire multitudinem intelligentiarum; quod esset impossibile, si nulla potentia in eis esset. Unde COMMENTATOR dicit in III De anima quod, si natura intellectus possibilis esset ignorata, non possemus invenire multitudinem in substantiis separatis. Est ergo distinctio earum ad invicem secundum gradum potentiae et actus ita quod intelligentia superior, quae magis propinqua est primo, habet plus de actu et minus de potentia, et sic de aliis. Et hoc completur in anima humana, quae tenet ultimum gradum in substantiis intellectualibus. Unde intellectus possibilis eius habet se ad formas intelligibiles sicut materia prima, quae tenet ultimum gradum in esse sensibili, ad formas sensibiles, ut COMMENTATOR in III De anima dicit. Et ideo

der noch gar nichts geschrieben steht. Weil die Seele von allen geistigen Substanzen am meisten Möglichkeit an sich hat, gerät sie in solche Nähe zu den stofflichen Dingen, daß eines dieser herangezogen wird zur Teilnahme am Sein der Seele, so nämlich, daß aus Seele und Leib ein Sein in einem Zusammengesetzten entsteht, wiewohl dieses Sein, soferne es das der Seele ist, nicht vom Leibe abhängt[24]. Unterhalb dieser Form, der Seele nämlich, finden sich weitere Formen, die noch mehr von Möglichkeit in sich haben und dem Stoffe noch näherstehen, so sehr, daß sie ohne Stoff gar nicht sein können. Auch unter diesen besteht eine Ordnung und eine Stufenfolge, herab bis zu den niedersten Formen der Elemente[25], die schon in allernächster Nähe zum Stoffe stehen. Diese haben dann gar keine Eigentätigkeit mehr, außer gemäß des Erfordernisses der aktiven und passiven Eigenschaften und der sonstigen, durch welche der Stoff auf die Form hingeordnet ist.

VI

DURCH DIE vorhergehenden Erwägungen wird die Art und Weise klar, nach der das Wesen in verschiedenen Dingen

---

PHILOSOPHUS comparat eam tabulae rasae, in qua nihil est scriptum. Et propter hoc, quia inter alias substantias intelligibiles plus habet de potentia, ideo efficitur in tantum propinqua rebus materialibus, ut res materialis trahatur ad participandum esse suum, ita scilicet quod ex anima et corpore resultat unum esse in uno composito, quamvis illud esse, prout est animae, non sit dependens a corpore. Et ideo post istam formam, quae est anima, inveniuntur aliae formae plus de potentia habentes et magis propinquae materiae in tantum quod esse earum sine materia non est. In quibus etiam invenitur ordo et gradus usque ad primas formas elementorum, quae sunt propinquissimae materiae. Unde nec aliquam operationem habent nisi secundum exigentiam qualitatum activarum et passivarum et aliarum, quibus materia ad formam disponitur.

VI

HIS VISIS patet quomodo essentia in diversis invenitur. Invenitur enim triplex modus habendi essentiam in substantiis. Aliquid

vorhanden ist. Das Wesen kommt nämlich in den Substanzen auf dreierlei Weise vor[1]. Die eine ist jene, die in Gott besteht, dessen Wesen sein Sein selbst ist; daher meinen manche Denker[2], Gott habe keinerlei Washeit oder Wesen, weil sein Wesen eben nichts anderes sei als sein Sein selbst. Daraus folgt, daß Gott nicht unter einen Gattungsbegriff gebracht werden kann; denn alles, was zu einer Gattung gehört, muß notwendigerweise neben seinem Sein eine Washeit haben, da die Washeit oder Natur der Gattung oder der Art sich nicht auf Grund der Natur in jene Dinge auseinanderlegt [unterschieden wird], denen die betreffende Gattung oder Art zugehört[3]. Das Sein ist indes in den verschiedenen [Seienden] verschieden[4]. Wenn wir sagen, Gott sei nur Sein, so dürfen wir nicht in den Irrtum jener verfallen, welche in Gott jenes allgemeine Sein sehen wollten[5], von dem her jedes Ding der Form nach sein Sein hätte. Das Sein nämlich, das Gott ist, hat die Grundeigentümlichkeit an sich, daß keinerlei Hinzufügung zu ihm je statthaben kann; daher ist es ein durch seine eigene Reinheit von jedem anderen Sein unterschiedenes Sein. Darum bemerkt auch die Erläuterung zum neunten Satz des »Buches von den Ursachen«[6], daß die Vereinzelung der ersten Ursache, die nur Sein ist, vermöge deren reine Gutheit

---

enim est, sicut Deus, cuius essentia est ipsum suum esse; et ideo inveniuntur aliqui philosophi dicentes quod Deus non habet quiditatem vel essentiam, quia essentia sua non est aliud quam esse suum. Et ex hoc sequitur quod ipse non sit in genere, quia omne quod est in genere oportet quod habeat quiditatem praeter esse suum, cum quiditas vel natura generis aut speciei non distinguatur secundum rationem naturae in illis, quorum est genus vel species. Sed esse est diversum in diversis. Nec oportet, si dicimus quod Deus est esse tantum, ut in illorum errorem incidamus, qui Deum dixerunt esse illud esse universale, quo quaelibet res est formaliter. Hoc enim esse, quod Deus est, huius conditionis est, ut nulla additio sibi fieri possit; unde per ipsam suam puritatem est esse distinctum ab omni esse. Propter quod in commento nonae propositionis Libri De causis dicitur quod individuatio primae causae, quae est esse tantum, est per

[Vollendung, Höchstwertigkeit] sei. Der Begriff des gemeinen Seins aber schließt zwar keinerlei Beifügung ein, aber ebensowenig die Ausschließung irgendeiner Beifügung; wäre dem so, so könnte nichts als seiend begriffen werden, in dem über das Sein hinaus was immer hinzuträte.

Daraus, daß Gott nur Sein ist, folgt keineswegs, daß ihm die übrigen Weisen der Vollkommenheit oder des Ranges abgingen. Vielmehr besitzt er alle Vollkommenheiten, die in sämtlichen Gattungen [des Seins] angetroffen werden; daher heißt er auch das Vollkommene schlechthin, wie der PHILOSOPH[7] und der KOMMENTATOR[8] im fünften Buch der Metaphysik sagen. Er besitzt indes jene Vollkommenheiten in einer die anderen Dinge durchaus übersteigenden Weise, weil sie in ihm ein Eines sind, dort aber in Verschiedenheiten auseinanderfallen. Das hat seinen Grund darin, daß diese Vollkommenheiten Gott gemäß seines einfachen Seins zukommen. Wenn einer vermöge einer einzigen Eigenschaft die Wirkungen aller Eigenschaften [überhaupt] entfalten könnte, so besäße er in dieser einen sämtliche Eigenschaften; auf diese Weise besitzt Gott in seinem Sein selbst alle Vollkommenheiten.

Auf eine zweite Art findet sich Wesen in den geschaffenen

---

puram bonitatem eius. Esse autem commune sicut in intellectu suo non includit aliquam additionem, ita nec includit in intellectu suo aliquam praecisionem additionis; quia si hoc esset, nihil posset intelligi esse, in quo super esse aliquid adderetur.

Similiter etiam quamvis sit esse tantum, non oportet quod deficiant ei reliquae perfectiones vel nobilitates: immo habet omnes perfectiones, quae sunt in omnibus generibus; propter quod perfectum simpliciter dicitur, ut PHILOSOPHUS et COMMENTATOR in V Metaphysicae dicunt, sed habet eas modo excellentiori omnibus rebus, quia in eo unum sunt, sed in aliis diversitatem habent. Et hoc est quia omnes illae perfectiones conveniunt sibi secundum esse suum simplex; sicut si aliquis per unam qualitatem posset efficere operationes omnium qualitatum, in illa una qualitate omnes qualitates haberet, ita Deus in ipso esse suo omnes perfectiones habet.

Secundo modo invenitur essentia in substantiis creatis intellec-

Geistern, deren Sein etwas anderes ist als ihr Wesen, trotzdem dieses ohne Stoff ist. Daher ist das Sein dieser Geister kein unbedingtes [und selbständiges], sondern ein empfangenes und sohin ein gemäß des Fassungsvermögens der Natur des Empfangenden begrenztes[9] und endliches; aber die Natur oder Washeit ihrer ist [unbedingt und] selbständig und nicht eine in irgendeinem Stoffe aufgenommene. Demgemäß heißt es auch im »Buche von den Ursachen«[10], daß die Geister un-endlich sind nach unten und endlich nach oben: sie sind nämlich endlich im Hinblick auf ihr Sein, das sie von einem Höheren empfangen; sie sind aber nicht nach unten hin begrenzt, weil ihren Formen nicht durch das Fassungsvermögen eines Stoffes, der sie aufnähme, Grenzen gesetzt sind. Daher gibt es auch bei diesen Substanzen keine Mehrheit von Individuen einer Art, wie schon bemerkt wurde, außer bei den menschlichen Seelen zufolge des Leibes, mit dem sie sich verbinden. Nun hängt zwar die Vereinzelung [der Menschenseele] hinsichtlich ihres Eintretens von dem Zufall des Leibes ab, weil das individuelle Sein nur in dem Körper erworben wird, dessen Wirklichkeit[11] eben die Seele ist; daraus folgt aber nicht, daß die Vereinzelung nach Wegfall des Leibes wiederum verschwinde, weil das Sein der Seele

---

tualibus, in quibus est aliud esse quam essentia earum quamvis essentia sit sine materia. Unde esse earum non est absolutum, sed receptum, et ideo limitatum et finitum ad capacitatem naturae recipientis, sed natura vel quiditas earum est absoluta, non recepta in aliqua materia. Et ideo dicitur in libro De causis quod intelligentiae sunt infinitae inferius et finitae superius: sunt enim finitae quantum ad esse suum, quod a superiori recipiunt; non tamen finiuntur inferius, quia earum formae non limitantur ad capacitatem alicuius materiae recipientis eas. Et ideo in talibus substantiis non invenitur multitudo individuorum in una specie, ut dictum est, nisi in anima humana propter corpus, cui unitur. Et licet individuatio eius ex corpore occasionaliter dependeat quantum ad sui inchoationem, quia non acquiritur sibi esse individuatum nisi in corpore, cuius est actus, non tamen oportet ut subtracto corpore individuatio pereat, quia cum habeat esse ab-

immer ein vereinzeltes bleibt, da sie ein unabhängiges Sein hat, vermöge dessen sie sich ein vereinzeltes erwirbt, indem sie Form dieses einen Leibes wird[12]. Darum sagt AVICENNA[13], daß die Vereinzelung und Vervielfältigung der Seelen vom Leibe hinsichtlich ihres Beginnes, nicht hinsichtlich ihrer Beendigung abhänge. Weil nun in diesen Substanzen Washeit und Sein nicht dasselbe sind, sind über sie prädikative Aussagen möglich[14]. Darum auch findet man bei ihnen Gattung, Art und Unterschied, obwohl die eigentümlichen Unterschiede [unter den Seelen und erst recht unter den Intelligenzen] uns verborgen sind. Denn auch bei den sinnlich wahrnehmbaren Dingen sind uns die Unterschiede im Sein selbst unbekannt, weshalb sie nach unwesentlichen [hinzukommenden] Unterschieden benannt werden, welche aus diesen Seinsunterschieden entspringen, so wie auch die Ursache durch ihre Wirkung bezeichnet wird oder die Zweibeinigkeit als Unterscheidungsmerkmal für den Menschen [gegenüber dem Tiere] gilt. Die zum Wesenskern hinzutretenden eigentümlichen Merkmale der stofflosen Substanzen aber sind uns unbekannt; daher können wir die dort bestehenden Unterschiede weder an sich noch auf Grund der hinzukommenden Unterscheidungsmerkmale bezeichnen[15].

---

solutum, ex quo acquisitum est sibi esse individuatum ex hoc quod facta est forma huius corporis, illud esse semper remanet individuatum. Et ideo dicit AVICENNA quod individuatio animarum et multiplicatio dependet ex corpore quantum ad sui principium, sed non quantum ad sui finem. Et quia in istis substantiis quiditas non est idem quod esse, ideo sunt ordinabiles in praedicamento. Er propter hoc invenitur in eis genus, species et differentia, quamvis earum differentiae propriae nobis occultae sint. In rebus enim sensibilibus etiam ipsae differentiae essentiales ignotae sunt, unde significantur per differentias accidentales, quae ex essentialibus oriuntur, sicut causa significatur per suum effectum, sicut bipes ponitur differentia hominis. Accidentia autem propria substantiarum immaterialium nobis ignota sunt; unde differentiae earum nec per se nec per accidentales differentias a nobis significari possunt.

Es ist indes zu beachten, daß Gattung und Art auf diese [geistigen] Substanzen nicht in dem gleichen Sinne anwendbar sind, wie auf die sinnlich wahrnehmbaren; bei letzteren nämlich wird der Gattungsbegriff auf Grund des stofflichen Anteils des Dinges gewonnen, das unterscheidende Merkmal aber auf Grund des formalen Teils. Daher sagt AVICENNA[16] zu Beginn seiner Schrift über die Seele, daß die Form in den aus Stoff und Form zusammengesetzten Dingen das »einfache [schlechthinnige] Unterscheidungsmerkmal für das durch die Form Erzeugte« sei; nicht als ob die Form selbst das Unterscheidungsmerkmal abgäbe, sondern – weil sie dessen Grundlage ist, wie er in seiner Metaphysik ausführt[17]. Solch ein Unterschied heißt ein einfacher [oder schlechthinniger], weil er in jenem Anteil gründet, der der Washeit angehört, nämlich in der Form[18]. Da aber die stofflosen Substanzen einfache Washeiten sind, so kann das unterscheidende Merkmal hier nicht von einem der Washeit angehörenden Teil her genommen werden, sondern nur von der Washeit im Ganzen; deswegen sagt auch AVICENNA[19] zu Beginn des Buches über die Seele, daß nur »jene Arten einen einfachen Unterschied aufwiesen, deren Wesen aus Stoff und Form zusammengesetzt seien«.

Hoc tamen sciendum est, quod non eodem modo sumitur genus et differentia in illis substantiis et in substantiis sensibilibus, quia in sensibilibus genus sumitur ab eo quod est materiale in re, differentia vero ab eo quod est formale in ipsa. Unde dicit AVICENNA in principio libri sui De anima quod forma in rebus compositis ex materia et forma est differentia simplex eius, quod constituitur ex illa: non autem ita quod ipsa forma sit differentia, sed quia est principium differentiae, ut idem dicit in sua Metaphysica. Et dicitur talis differentia esse differentia simplex, quia sumitur ab eo quod est pars quiditatis rei scilicet a forma. Cum autem substantiae immateriales sint simplices quiditates, non potest in eis differentia sumi ab eo quod est pars quiditatis, sed a tota quiditate; et ideo in principio De anima dicit AVICENNA quod differentiam simplicem non habent nisi species, quarum essentiae sunt compositae ex materia et forma.

Gleichermaßen wird bei jenen [Geistern] auch die Gattung vom ganzen Wesen her genommen, aber wiederum auf eine andere Weise: eine stofflose [von Stoff getrennte] Substanz kommt nämlich mit einer anderen hinsichtlich ihrer Stofflosigkeit überein und unterscheidet sich von dieser auf Grund der Vollkommenheitsstufe zufolge der Entfernung von der Möglichkeit und der Annäherung an die reine Wirklichkeit. Daher wird der Gattungsbegriff hier von jenem gewonnen, was diesem [Seienden] zufolge der Stofflosigkeit zukommt, wie von der Verstandeshaftigkeit oder dergleichen. Die Unterscheidungsmerkmale aber werden von dem gewonnen, was zufolge des Vollkommenheitsgrades ihnen zukommt; aber diese Merkmale sind uns unbekannt. Diese Unterscheidungsmerkmale können übrigens keine als unwesentlich hinzutretenden sein, weil sie dem größeren oder geringeren Grad der Vollkommenheit entspringen, welche Gradunterschiede keine Aufteilung der Art begründen. Denn Stufen der Vollendung hinsichtlich der Aufnahme ein und derselben Form begründen keine Aufsplitterung der Art [in Individuen], [als beständen] etwa Stufen des Weißseins vermöge der Teilhabe an dem einen Bestimmungsmoment der Weiße[20]. Wohl aber bedingt die Abstufung der Vollkommenheit in den Formen oder Naturen, an denen Teilhabe statthat, eine Auf-

---

Similiter etiam in eis ex tota essentia sumitur genus, modo tamen differenti: una enim substantia separata convenit cum alia in immaterialitate et differunt ab invicem in gradu perfectionis secundum recessum a potentialitate et accessum ad actum purum. Et ideo ab eo quod consequitur illas in quantum sunt immateriales sumitur in eis genus, sicut est intellectualitas vel aliquid huiusmodi. Ab eo autem quod consequitur in eis gradum perfectionis sumitur in eis differentia, nobis tamen ignota. Nec oportet has differentias esse accidentales, quia sunt secundum maiorem et minorem perfectionem, quae non diversificat speciem. Gradus enim perfectionis in recipiendo eamdem formam non diversificant speciem, sicut albius et minus album in participando eiusdem rationis albedinem. Sed diversus gradus perfectionis in ipsis formis vel naturis participatis diversificat speciem, sicut natura

teilung der Art; so gibt es in der Natur eine Stufenfolge von den Pflanzen zu den Tieren durch irgendwelche Zwischenglieder, die nach der Ansicht des PHILOSOPHEN (im siebenten Buch über die Lebewesen) etwas Mittleres zwischen Tier und Pflanze sind[21]. Noch auch braucht die Aufteilung der geistigen Substanzen immer auf Grund zweier echter Unterscheidungsmerkmale zu erfolgen, weil dies unmöglich bei allen Dingen der Fall sein kann, wie der PHILOSOPH im elften Buch[22] über die Lebewesen anmerkt.

Drittens findet sich Wesen in den aus Stoff und Form zusammengesetzten Substanzen, in welchen sowohl ein empfangenes als auch ein endliches Sein besteht, da sie ja ihr Sein von einem anderen her haben: deren Natur oder Washeit hinwiederum ist von dem vorbezeichneten [vorgängig auf Vereinzelung hingeordneten] Stoff aufgenommen. Darum sind sie endlich nach oben wie nach unten hin[23]; und bei ihnen ist zufolge der Teilbarkeit des vorbezeichneten [vorgängig hingeordneten] Stoffes auch eine Vielheit der Individuen einer Art möglich. Wie sich bei diesen Substanzen das Wesen zu den logischen Begriffen verhalte, wurde schon oben gesagt[24].

VII

NUN IST noch das Verhalten des Wesens in den bloß hinzukommenden Momenten zu untersuchen, nachdem über

---

procedit per gradus de plantis ad animalia per quaedam, quae sunt media inter animalia et plantas secundum PHILOSOPHUM in VII De animalibus. Nec iterum est necessarium, ut divisio intellectualium substantiarum sit semper per duas differentias veras, quia hoc est impossibile in omnibus rebus accidere, ut PHILOSOPHUS dicit in XI De animalibus.

Tertio modo invenitur essentia in substantiis compositis ex materia et forma, in quibus et esse est receptum et finitum, propter hoc quod et ab alio esse habent: et iterum natura vel quiditas earum est recepta in materia signata. Et ideo sunt finitae et superius et inferius, et in eis iam propter divisionem materiae signatae possibilis est multiplicatio individuorum in una specie. Et in his substantiis qualiter se habeat essentia ad intentiones logicas supra dictum est.

sein Verhalten in allen Arten von Substanzen [Trägern von Merkmalen] schon gehandelt worden ist[1]. Das Wesen ist, wie gesagt, was durch die Begriffsbestimmung ausgedrückt wird; daher muß das Haben des Wesens und das der Begriffsbestimmung übereinkommen. Sie [die hinzukommenden Merkmale, Akzidentien] haben aber nur eine unvollständige Begriffsbestimmung, weil sie einer solchen nicht fähig sind, ohne daß darin ein Subjekt [als Träger] gesetzt werde[2]. Das kommt daher, daß sie keinen Bestand für sich, losgelöst von einem Träger, haben; so wie durch das Zusammentreten von Stoff und Form ein substanzhaftes Sein zustandekommt, so aus Hinzukommendem und Träger, wenn das erste sich an den zweiten fügt, ein bloß unselbständiges, von anderen getragenes Sein[3]. Daher hat auch die ein Ding prägende Form kein vollständiges Wesen, noch auch der Stoff, weil in die Begriffsbestimmung der prägenden Form dasjenige mit eingehen muß, dessen Form sie ist; es geschieht also die Begriffsbestimmung in diesem Falle vermöge der Beifügung einer Bestimmung, die außerhalb der Gattung des zu Bestimmenden [hier: der Form] gelegen ist[4]; gleichermaßen auch bei der Begriffsbestimmung der Form eines hinzukommenden Merkmales. Der Naturforscher, der die Seele nur in ihrer Wirkung als

---

VII

NUNC RESTAT videre quomodo essentia sit in accidentibus; qualiter enim sit in omnibus substantiis dictum est. Et quia, ut dictum est, essentia est id quod per definitionem significatur, oportet ut eo modo habeant essentiam qua habent definitionem. Definitionem autem habent incompletam, quia non possunt definiri nisi ponatur subiectum in eorum definitione. Et hoc ideo est, quia non habent esse per se absolutum a subiecto, sed sicut ex materia et forma relinquitur esse substantiale quando componuntur, ita ex accidente et subiecto relinquitur esse accidentale quando accidens subiecto advenit. Et ideo etiam nec forma substantialis completam essentiam habet nec materia, quia in definitione formae substantialis oportet quod ponatur id, cuius est forma; et ita definitio eius est per additionem alicuius, quod est extra genus eius, sicut et definitio formae accidentalis. Unde etiam in defini-

Form des körperlichen Leibes ansieht, nimmt so in deren Begriffsbestimmung den Leib hinein. Dennoch klafft zwischen den ein selbständiges Seiendes prägenden Formen und jenen der bloß hinzukommenden Merkmale ein großer Unterschied; die prägenden Formen haben für sich kein selbständiges Sein ohne dasjenige, zu dem sie sich fügen; aber auch für dieses, zu dem die Form hinzutritt, d. h. dem Stoff, gilt das gleiche. Daher bildet sich aus der Vereinigung beider jenes Sein, in dem das Ding selbständig besteht, und aus jenen zweien wird ein für sich Eines. Somit bildet sich auch durch diese Vereinigung ein Wesen. Infolgedessen ist die Form, obwohl sie für sich betrachtet nicht im Besitze vollständigen Wesens ist, doch ein Teil des vollständigen Wesens. Dasjenige aber, zu dem ein unselbständiges Merkmal hinzukommt, ist ein in seinem Sein selbständiges Seiendes. Dieses Sein geht der Natur der Sache nach dem voraus, welches überdies zu jenem hinzutritt. Sohin bewirkt das hinzukommende Merkmal durch seine Vereinigung mit dem, wozu es hinzutritt [seinem Träger], nicht jenes Sein, darin das Ding besteht, [oder] durch das es eben ein für sich Seiendes ist, sondern gewissermaßen ein zweites Sein[5]; die selbständig bestehenden Dinge können aber sehr wohl ohne jenes zweite Sein als

---

tione animae ponitur corpus a naturali, qui considerat animam solum inquantum est forma physici corporis. Sed tamen inter formas substantiales et accidentales tantum interest, quia sicut forma substantialis non habet per se esse absolutum sine eo, cui advenit, ita nec illud, cui advenit, scilicet materia. Et ideo ex coniunctione utriusque relinquitur illud esse, in quo res per se subsistit, et ex eis efficitur unum per se; propter quod ex coniunctione eorum relinquitur essentia quaedam. Unde forma, quamvis in se considerata non habeat completam rationem essentiae, tamen est pars essentiae completae. Sed illud, cui advenit accidens, est ens completum in se subsistens in suo esse. Quod quidem esse naturaliter praecedit accidens quod supervenit. Et ideo accidens superveniens ex coniunctione sui cum eo, cui advenit, non causat illud esse, in quo res subsistit, per quod res est ens per se, sed causat quoddam esse secundum, sine quo res sub-

seiende gedacht werden, wie auch ein Erstes ohne ein Zweites gedacht werden kann. Somit entsteht aus Hinzukommendem und Träger nicht ein Sein an und für sich, sondern eben nur ein Sein vermöge des Hinzukommens [eine nähere Seinsbestimmung]. Daher bewirkt auch die Vereinigung der beiden [Hinzukommendes und Träger] keinerlei Wesen, wie das bei der Verbindung von Stoff und Form der Fall ist[6]. Infolgedessen hat weder das Hinzukommende den Rang eines vollständigen Wesens, noch ist es ein Teil eines solchen; sondern es hat Wesen nur zufolge eines anderen [Wesens], sowie es auch ein Seiendes nur vermöge eines anderen ist. Da nun dasjenige, von dem am vorzüglichsten und zutreffendsten die Aussage irgendeiner Gattungszugehörigkeit gilt, die Ursache aller in der gleichen Gattung Nachgeordneten ist (z. B. das Feuer, in dem sich der Begriff der Hitze aufgipfelt, ist die Ursache der Wärme in warmen Dingen, wie es im zweiten Buch der Metaphysik heißt[7]), so ist notwendigerweise die Substanz [Träger], der als dem Allgemeinsten in der Gattung des Seienden am echtesten und am meisten Wesen eignet, die Ursache der hinzukommenden Merkmale, welche nur mittelbar und sozusagen nur in gewisser Hinsicht[8] am Sein teilhaben. Dies aber geschieht auf je verschiedene Weise: da nämlich

---

sistens intelligi potest esse, sicut primum potest intellegi sine secundo. Unde ex accidente et subiecto non efficitur unum per se, sed unum per accidens. Et ideo ex eorum coniunctione non resultat essentia quaedam, sicut ex coniunctione formae ad materiam. Propter quod accidens neque rationem completae essentiae habet neque pars essentiae completae est, sed sicut est ens secundum quid, ita et essentiam secundum quid habet. Sed quia illud, quod dicitur maxime et verissime in quolibet genere, est causa eorum, quae sunt post in illo genere sicut ignis, qui est in fine caliditatis est causa caloris in rebus calidis, ut in secundo Metaphysicae dicitur, ideo substantia, quae est principium in genere entis verissime et maxime essentiam habens, oportet quod sit causa accidentium, quae secundario et quasi secundum quid rationem entis participant. Quod tamen diversimode contingit: quia enim partes substantiae sunt materia et forma, ideo quae-

die Substanz aus Stoff und Form besteht, so beziehen sich manche der hinzukommenden Merkmale vornehmlich[9] auf die Form und andere ebenso auf den Stoff. Es gibt aber Formen, deren Sein vom Stoff unabhängig ist, wie die geistige Seele; der Stoff aber verdankt sein Sein ausschließlich der Form. Daher findet sich in den gemäß der Form hinzukommenden Merkmalen etwas, was keinerlei Gemeinsamkeit mit dem Stoff hat, wie die geistige Erkenntnis, welche nicht vermöge eines körperlichen Organs geschieht, wie der PHILOSOPH im dritten Buch über die Seele [10] gezeigt hat. Manche [der hinzukommenden Merkmale] sind aber an die Form gebunden und haben trotzdem gleichzeitig etwas mit dem Stoff zu tun, wie die sinnliche Wahrnehmung. Kein Hinzukommendes aber ist dem Stoff zugeordnet, ohne zugleich mit der Form zusammenzuhängen[11].

Bei jenen hinzukommenden Merkmalen, welche dem Stoff zugeordnet sind, findet sich einige Verschiedenheit. Manche nämlich stehen in Abhängigkeit vom Stoff gemäß jener Hinordnung, welche dieser zur Form der Art hat, wie das Männliche und das Weibliche bei den Tieren, deren Verschiedenheit auf den Stoff zurückzuführen ist, wie es im zehnten Buch der Metaphysik heißt[12]. Kommt daher die Form des Lebewesens in Wegfall, so bleiben

---

dam accidentia principaliter consequuntur formam et quaedam materiam. Forma autem invenitur aliqua, cuius esse non dependet ad materiam ut anima intellectualis; materia vero non habet esse nisi per formam. Unde in accidentibus, quae consequuntur formam, est aliquid, quod non habet communicationem cum materia ut intelligere, quod non est per organum corporale, sicut probat PHILOSOPHUS in III De anima. Aliqua vero ex consequentibus formam sunt, quae habent communicationem cum materia sicut sentire. Sed nullum accidens consequitur materiam sine communicatione formae.

In his tamen accidentibus, quae materiam consequuntur, invenitur quaedam diversitas. Quaedam enim accidentia consequuntur materiam secundum ordinem, quem habet ad formam specialem ut masculinum et femininum in animalibus, quorum diversitas ad materiam reducitur ut dicitur in decimo Metaphysicae. Unde

diese hinzukommenden Merkmale nur in uneigentlichem Sinne bestehen. Andere [hinzukommende Merkmale] sind dem Stoff zugeordnet gemäß dessen Hinordnung auf die Form der Gattung; daher bleiben sie auch nach Beseitigung der Art-Form bestehen; so ist z. B. die Schwärze der Haut bei dem Äthiopier [Neger] eine Folge der Zusammensetzung der Elemente und nicht durch die Anwesenheit der Seele bewirkt, weswegen sie auch nach dem Tode weiter besteht.

Da nun jedes Ding seine Vereinzelung vom Stoff her hat, aber einer Art oder Gattung seiner Form zufolge angehört, so sind jene hinzukommenden Merkmale, welche dem Stoff zugeordnet sind, solche des Individuums, und gemäß ihrer unterscheiden sich die einzelnen Individuen der gleichen Art voneinander[13]. Die hinzukommenden Merkmale aber, welche der Form zugeordnet sind, sind eigentliche Abwandlungen von Gattung oder Art; daher finden sie sich in allem vor, was an der Natur der Gattung oder Art Anteil hat; so ist z. B. das Vermögen zu lachen beim Menschen der Form zugeordnet, weil das Lachen auf Grund irgendeines Erfassungsvorganges in der menschlichen Seele zustandekommt.

Man muß weiterhin beachten, daß zuweilen die hinzu-

---

remota forma animalis dicta accidentia non remanent nisi aequivoce. Quaedam vero consequuntur materiam secundum ordinem, quem habet ad formam generalem, et ideo remota forma speciali adhuc in ea remanent, sicut nigredo cutis est in Aethiope ex mixtione elementorum et non ex ratione animae; et ideo post mortem in eo remanet.

Et quia unaquaeque res individuatur ex materia et collocatur in genere vel specie per suam formam, ideo accidentia, quae consequuntur materiam, sunt accidentia individui, secundum quae etiam individua eiusdem speciei differunt ad invicem. Accidentia vero, quae consequuntur formam, sunt propriae passiones vel generis vel speciei; unde inveniuntur in omnibus participantibus naturam generis vel speciei sicut risibile consequitur in homine formam, quia risus contingit ex aliqua apprehensione animae hominis.

kommenden Merkmale von den wesentlichen Grundlagen zufolge einer vollständigen Wirklichkeit erzeugt werden, wie die Hitze beim Feuer, welches immer wirklich heiß ist; manchmal aber entspringen sie nur zufolge einer Eignung; ihre Vervollständigung erhalten sie aber [dann] von einem äußeren Wirkenden, wie die Durchsichtigkeit in der Luft, die [zur Wirklichkeit] durch einen äußeren leuchtenden Körper vervollständigt wird. In solchen Fällen ist die Eignung ein unabtrennbares hinzukommendes Merkmal[14]. Die Vervollständigung aber, die von irgendeinem außerhalb des Wesens des Dinges oder nicht zu dessen Beschaffenheit gehörenden Grund herrührt, ist abtrennbar, wie Bewegtwerden u. dgl.

Ferner ist zu beachten, daß Gattung, Art und Unterschied bei den hinzukommenden Merkmalen eine andere Bedeutung haben als bei den Substanzen. In diesen entsteht aus der prägenden [substantialen] Form und dem Stoff ein selbständiges Eines, indem aus deren Verbindung eine einheitliche Natur sich bildet, von welcher eben in eigentlichem Sinne ein Substanzsein ausgesagt wird: daher werden bei Substanzen mit Recht die konkreten Namen, welche das Zusammengesetzte bezeichnen, in der Weise der Gattung ausgesagt, als Art- und Gattungsbezeichnungen wie etwa

---

Sciendum etiam est quod accidentia aliquando ex principiis essentialibus causantur secundum actum perfectum sicut calor in igne, qui semper est actu calidus, aliquando vero secundum aptitudinem tantum; sed complementum accipiunt accidentia ex agente exteriori sicut diaphaneitas in aere, quae completur per corpus lucidum exterius. Et in talibus aptitudo est accidens inseparabile. Sed complementum, quod advenit ex aliquo principio, quod est extra essentiam rei vel quod non intrat constitutionem rei, est separabile sicut moveri et huiusmodi.

Sciendum est etiam quod in accidentibus alio modo sumuntur genus, species et differentia quam in substantiis. Quia in substantiis ex forma substantiali et materia efficitur unum per se una quadam natura ex earum coniunctione resultante, quae proprie in praedicamento substantiae collocatur: ideo in substantiis nomina concreta, quae compositum significant, proprie in genere

Mensch oder Lebewesen; Form und Stoff sind aber nicht auf diese Weise aussagbar, außer durch eine weitere Zurückführung, wie die Grundlagen [Prinzipien] durch einen Gattungsnamen ausgesagt werden[15]. Aus dem hinzukommenden Merkmal und seinem Träger wird aber nicht eine Einheit für sich; daher geht aus deren Verbindung auch nicht eine Natur hervor, auf die der Begriff von Gattung oder Art angewendet werden könnte[16]. Die in konkreter Bedeutung genommenen Namen der hinzukommenden Merkmale können daher nicht so wie Art und Gattungsnamen ausgesagt werden (wie etwa das Weiße oder das Musikalische außer durch eine Zurückführung), sondern nur soferne sie eine abstrakte Bedeutung haben, wie die Weiße oder die Musik. Weil die hinzukommenden Merkmale nicht aus Stoff und Form zusammengesetzt sind, kann bei ihnen der Gattungsbegriff nicht von Stoff und der Unterschied nicht von der Form her gewonnen werden, wie das bei den zusammengesetzten Substanzen der Fall ist[17]; vielmehr muß der Gattungsbegriff zunächst von jener Seinsweise selbst genommen werden, gemäß der verschiedenen Art und Weise, in der das Seiende dem Früher und Später[18] zufolge von den zehn Gattungen ausgesagt wird; wie die Menge ausgesagt wird, weil sie das Maß der Substanz ist,

---

esse dicuntur sicut species vel genera, ut homo vel animal; non autem forma vel materia est hoc modo in praedicamento nisi per reductionem, sicut principia in genere esse dicuntur. Sed ex accidente et subiecto non fit unum per se; unde non resultat ex eorum coniunctione aliqua natura, cui intentio generis vel speciei possit attribui. Unde nomina accidentalia concretive dicta non ponuntur in praedicamento sicut species vel genera ut album vel musicum nisi per reductionem, sed solum secundum quod in abstracto significantur ut albedo et musica. Et quia accidentia non componuntur ex materia et forma, ideo non potest in eis sumi genus a materia et differentia a forma sicut in substantiis compositis, sed oportet ut genus primum sumatur ex ipso modo essendi, secundum quod ens diversimode secundum prius et posterius de decem generibus praedicatur; sicut dicitur quantitas ex eo quod est mensura substantiae, et qualitas secundum quod est dispo-

und die Beschaffenheit, weil sie eine Anordnung [Eignung] der Substanz ist usf., wie das der PHILOSOPH im vierten Buch der Metaphysik erläutert[19]. Die Unterschiede aber werden bei ihnen von der Verschiedenheit der verursachenden Grundlagen hergenommen. Und weil die eigenen Abwandlungen [der hinzukommenden Merkmale][20] von den Grundbeschaffenheiten, die den Substanzen eigentümlich sind, verursacht werden, so tritt in der Begriffsbestimmung jener der Träger [der Merkmale] an Stelle des Unterschiedes auf, wenn sie als abstrakte Begriffe bestimmt werden nach dem, was sie eigentlich der Gattung nach sind, so wenn man sagt, die Stulpnasigkeit bestehe in der Gekrümmtheit der Nase[21]. Umgekehrt verhielte es sich, wenn die Begriffsbestimmung zufolge einer konkret gemeinten Bedeutung gebildet würde. Dann würde der Träger in der Begriffsabstimmung die Rolle der Gattung spielen, weil sie dann auf die Weise zusammengesetzter Substanzen bestimmt würden, bei welchen der Gattungsbegriff von dem Stoff her gewonnen wird, wie wir denn sagen, eine Stulpnase sei eine krumme Nase.

Das gleiche gilt, wenn ein hinzukommendes Merkmal die Grundlage für ein weiteres ebensolches ist, wie Tätigkeit, Leiden und Menge die Grundlagen der Beziehung sind;

---

sitio substantiae, et sic de aliis secundum PHILOSOPHUM IV Metaphysicae. Differentiae vero in eis sumuntur ex diversitate principiorum, ex quibus causantur. Et quia propriae passiones ex propriis principiis subiecti causantur, ideo subiectum ponitur in definitione eorum loco differentiae, si in abstracto definiuntur secundum quod sunt proprie in genere, sicut dicitur quod simitas est nasi curvitas. Sed e converso esset, si eorum definitio sumeretur secundum quod concretive dicuntur. Sic enim subiectum in eorum definitione poneretur sicut genus, quia tunc definirentur per modum substantiarum compositarum, in quibus ratio generis sumitur a materia, sicut dicimus quod simum est nasus curvus.
Similiter etiam est, si unum accidens alterius accidentis principium sit, sicut principium relationis est actio et passio et quantitas; et ideo secundum haec dividit PHILOSOPHUS relationem in V Metaphysicae.

nach diesem Gesichtspunkt teilt auch der PHILOSOPH die Beziehung im fünften Buch der Metaphysik ein[22].

Die eigentlichen Grundlagen der hinzukommenden Merkmale liegen aber nicht immer zutage; daher bilden wir zuweilen die Unterschiede unter den hinzukommenden Merkmalen an Hand ihrer Wirkungen, wie das [das Licht] Sammelnde und Zerstreuende Farbunterschied heißt; dieser rührt von der Fülle oder dem Mangel an Licht her, wodurch die verschiedenen Arten von Farben entstehen[23].

So ist nun klar, auf welche Weise das Wesen in Substanzen und unselbständig hinzukommenden Merkmalen ist, und wie es sich damit bei zusammengesetzten und einfachen Substanzen verhält, und wie bei allen diesen die Allgemeinbegriffe der Logik angetroffen werden, mit Ausnahme der ersten Ursache, welche der Gipfel der Einfachheit ist und von der weder ein Gattungs- noch ein Artbegriff gebildet werden kann und infolgedessen auch keine Begriffsbestimmung, eben wegen ihrer Einfachheit. Das sei das Ende und der Beschluß unserer Ausführungen.

Sed quia propria principia accidentium non semper sunt manifesta, ideo quandoque sumimus differentias accidentium ex eorum effectibus, sicut congregativum et disgregativum dicuntur differentiae coloris, quae causantur ex abundantia et paucitate lucis, ex qua diversae species coloris causantur.

Sic ergo patet quomodo essentia est in substantiis et accidentibus, et quomodo in substantiis compositis et simplicibus, et qualiter in his omnibus intentiones universales logicae inveniuntur excepto primo principio, quod est in fine simplicitatis, cui non convenit ratio generis vel speciei et per consequens nec definitio propter suam simplicitatem. In quo sit finis et consummatio huius sermonis.

NACHWORT

NACHWORT

I. Der Inhalt der Abhandlung

Die wenigen und knappen vorzubringenden Bemerkungen haben ihren Grund nicht in einer etwaigen Unklarheit der Darlegungen des Aquinaten, sondern in dem Wunsche, jene Themen deutlicher zu bezeichnen, welche, an die philosophie-geschichtliche Tradition anknüpfend oder sie weiterhin beeinflussend, hier beleuchtet werden, insbesondere aber jene, deren klassisch-scholastische Auffassung im Wirrsal heutigen Meinungsstreites zu sicherer Orientierung dienen können.

Wenn der Traktat in so vielen Handschriften den Namen erhielt, unter dem er dann dauernd bekannt blieb, so darum, weil es in der Tat dem Aquinaten zu tun ist um die Klarstellung dieser zwei Begriffe: *ens*, das Seiende, Daseiende, und *essentia*, das Wesen oder die Washeit. Zu diesem Zwecke werden die verschiedenen Ordnungen oder Bereiche des Seienden auf die Bedeutung hin, die innerhalb je einer dem Begriffe des Wesens zukommt, betrachtet. Diese Bereiche sind erstens die der Substanzen, der selb- und eigenständig Seienden, und zweitens jenes Seins, das nur unselbständig an einem zweiten, tragenden zu bestehen vermag, der Akzidentien; ihnen ist nur das letzte Kapitel gewidmet, während die Substanzen, die körperlichen [zusammengesetzten, nämlich aus Stoff und Form], die geistigen oder einfachen [einfach aber nur, soferne sie nicht Stoff und Form in sich begreifen, aber nicht, soferne ihnen Möglichkeit und Wirklichkeit eigen ist] und die erste Substanz, Gott, eine weit ausführlichere Behandlung finden. Jedesmal wird die Frage aufgeworfen, wie sich in je einem solchen Seinsbereiche das Verhältnis der logischen Begriffe [Gattung, Art, Unterschied] zu dem Begriffe des Wesens gestalte.

Die Gliederung ist diese: Einer kurzen einleitenden Bemerkung, welche die Absicht der Schrift ausspricht, folgt Kapitel I, eine Erläuterung und Bestimmung der Begriffe. Die Kapitel II und III handeln vom Wesen in den aus Stoff

und Form zusammengesetzten Substanzen und Kapitel IV vom Verhältnis des Wesens zu den Begriffen Gattung, Art und Unterschied bei diesen Dingen. Kapitel V bringt die Untersuchung über die menschliche Seele, die Intelligenzen [Engel] und Gott. Das Kapitel VI enthält eine Zusammenfassung und zum Teil weitere Verdeutlichung der bisherigen Ausführungen, zumal in Hinsicht auf die geistigen Substanzen. In dem letzten, VII. Kapitel kommen dann, wie gesagt, die Akzidentien zur Sprache. Die letzten Zeilen von: »So ist nun klar« an bilden einen der Einleitung entsprechenden Abschluß.

Abgesehen von dem im Titel angegebenen Hauptthema dreht sich die Erörterung um einige der Grundprobleme aller Metaphysik, welche durch folgende Begriffe bezeichnet werden können: Stoff und Form, Einzelnes und Allgemeines [Problem der Individuation], Möglichkeit und Wirklichkeit [*potentia-actus*] sowie um den sowohl ontologischen wie logischen Fragekomplex der Begründung von Gattung, Art und Unterschied.

Natürlich können diese Themen, welche eben solche jeder Metaphysik sind und sein müssen, innerhalb des Rahmens, den THOMAS sich hier gesteckt hat, nicht ausführlich behandelt werden; aber sie treten doch so deutlich hervor, daß von mehr als einem bloßen Anklingenlassen gesprochen werden muß. Die Knappheit, die zufolge der Kürze [und wohl auch des Zweckes] der Abhandlung zu beobachten war, bringt es mit sich, daß von diesen letzten und schwierigsten Fragen gewisse Seiten mehr Beachtung finden als andere, nicht weniger wichtige. Teils mag dies mit der sonstigen philosophischen Arbeit des Aquinaten zusammenhängen, wie sie sich einerseits aus dem gleicher Zeit entstammenden Sentenzenkommentar, anderseits aus dem offensichtlich ebenfalls in diese Jahre fallenden vertieften Studium anderer Denker, zumal des AVICENNA und des averroistischen ARISTOTELES, ergab, teils aber auch auf die gerade vorliegende geistige Situation und die Interessen,

welche die »akademischen Kreise« eben bewegten, zurückzuführen sein. Daß diese sich vielfach mit den im Traktate *de ente* behandelten Fragen decken, sieht man aus den, der gleichen Zeit angehörenden *Quaestiones quodlibetales* VII und IX, sowie aus den in Anm. 2, S. 123 angeführten Tatsachen. Hierher gehört wohl auch die Stellungsnahme gegen AVENCEBROL, der vielfach großes Ansehen genoß, und gegen dessen Lehre sich auch die, ebenfalls der ersten Schaffensperiode angehörige Abhandlung *de substantiis separatis* wendet. Dieser Polemik aber eine so zentrale Rolle zuzuschreiben, wie das J. WITTMANN [a. a. O.] will, können wir uns so wenig wie ROLAND-GOSSELIN [a. a. O. S. XXI] entschließen.

Schließlich wird AVENCEBROL nur an einer Stelle genannt, und viele der ontologischen oder logischen Untersuchungen der Schrift haben kaum irgendeinen Bezug zu den Lehren des *Fons vitae*. Man möchte aber glauben, daß es dem Aquinaten darum zu tun war, überhaupt einige, ihm unannehmbar erscheinende Ansichten zu bekämpfen oder deren Unhaltbarkeit seinem unmittelbaren Leserkreis darzutun, daher er denn auch sich bereits in dieser seiner Erstlingsschrift mit aller Schärfe gegen die averroistische These von der »Einheit des Intellektes« wendet. Es ist richtig, daß die auf AVENCEBROL zurückgeführte Lehre von der Materialität der geistigen Substanzen ausführlicher erörtert wird als die sozusagen nur *in parenthesi* kritisierte Lehre des AVERROËS; aber es dürfte dies mehr in dem sachlichen Zusammenhange begründet sein als darin, daß THOMAS sich gerade und hauptsächlich mit der Philosophie des IBN-GABIROL auseinandersetzen wollte. Denn gerade um der Klarstellung des Begriffes der Wesenheit willen geht THOMAS auf das Stoff-Form-Problem ein. Beide gehören zum Wesen, oder dessen Begriff bezieht sich auf beide und umgreift sie. Die Form zwar ist es, der ein Seiendes sowohl sein Da- als sein So-sein verdankt; eben darum aber ist sein Sosein und Wesen nicht die Form. Daher wird nicht diese,

sondern das aus Stoff und Form Zusammengesetzte Gegenstand der Definition.

Die Definition geht nun auf Allgemeines; das je wirklich Daseiende aber ist Individuum vermöge der Verbindung der Form mit dem Stoff, der die erstere zu einem konkret-individuellem Dasein bestimmt. Wäre damit zugleich auch das Wesen restlos individualisiert, so könnte es von ihm keine Definition geben, da ja das Einzelne nicht begrifflich erfaßt, sondern immer nur als ein »Dieses-da« aufgewiesen werden kann. Nach der Lehre des Aquinaten aber bezieht sich das Wesen zunächst nicht auf ein einzelnes Da-jetzt-so-Seiendes, in das der Stoff in allseitig bestimmter Weise eingegangen wäre; denn im Wesen erscheint der Stoff inbegriffen nicht als konkret-dieses-da, also als in seinen Ausmaßen bezeichneter [*materia designata quantitate*], sondern nur im allgemeinen, als Korrelat zur prägenden Form. Daher ist die Definition des Wesens »Mensch«, aber nicht die eines konkreten einzelnen Menschen möglich. Aber nur in das Wesen der körperlichen Dinge geht der Stoff in der angedeuteten Weise ein. Die geistigen Substanzen sind frei von Stoff [daher: *substantiae separatae*]. Diese Auffassung war wohl schon vor THOMAS [GULIELMUS PARISIENSIS † 1249, ALBERTUS MAGNUS], aber von niemandem mit solcher Eindringlichkeit und Folgerichtigkeit vertreten worden. Die Mehrheit freilich der Theologen hatte eine Zusammensetzung aus Stoff und Form auch für die Intelligenzen und Menschenseelen angenommen, weil ihnen nur so der grundlegende Unterschied gegenüber der absoluten Einfachheit Gottes gewährleistet schien. Es liegt vielleicht eine gewisse Spitze gegen die Theologen in den Worten, mit denen THOMAS die Lehre von der Materialität der geistigen Substanzen — als deren Urheber er indes den AVENCEBROL hinstellt — ablehnt: diese Auffassung widerstreite allgemein den Aussprüchen der Philosophen. Eine derartige Stellungnahme des Aquinaten würde es auch verständlicher erscheinen lassen, daß nicht

nur manche seiner Lehren zusammen mit denen seiner averroistischen Gegner vom Pariser Bischof STEFAN TEMPIER am 7. März 1277 verurteilt wurden, sondern auch, daß man später manchen Averroisten für einen Thomas-Anhänger halten konnte. Zu dem letzteren Punkte vergleiche man die Ausführungen MANDONNET's [a.a. O.], insbesondere die über DANTE, der den THOMAS dessen Hauptgegner SIGER überschwänglich loben läßt. Zum ersten sei darauf verwiesen, daß die Averroisten sich in ihren, theologisch oft unannehmbaren Lehren immer auf die Meinung der Philosophen zu berufen pflegten. Zwei Argumente macht THOMAS geltend: es mache erstens die Immaterialität die vornehmste Bedingung geistiger Tätigkeit aus, und es bestehe zweitens kein Grund, warum nicht eine Form für sich, auch unabhängig vom Stoffe, sein [existieren] könne; denn die Substanzwerdung durch die Verbindung mit dem Stoffe sei nicht vom Sein der Form als solcher, sondern von der Unvollkommenheit gewisser Formen bedingt. [Auch in der Betonung der stofflichen Wirklichkeit befindet sich THOMAS im Gegensatz zu den »Platonikern«.]

Indes will THOMAS durchaus nicht die Kluft zwischen dem Sein Gottes und dem selbst der höchsten Geister verschwinden lassen. Nur sieht er den »Bruch« anderswo, nämlich darin, daß Gott reine Wirklichkeit [*actus purus*], ohne jede Beimengung von Möglichkeit und daher unendlich jenseits aller Werdehaftigkeit sei, während alle Geschöpfe, und zwar je tiefer sie in der Stufenleiter des Seienden stehen um so mehr, Möglichkeit ihrem Sein beigemengt haben; das Tiefststehende, dem nicht einmal mehr Dasein im eigentlichen Sinne zukommt, der erste Stoff [*materia prima*] ist sogar nur noch Möglichkeit ohne jede Wirklichkeit. Diese Beimischung von Möglichkeit [*permixtio potentiae*] ist aber nicht das sozusagen ontologisch Letzte; sie hat vielmehr ihren Ursprung in dem Auseinanderfallen von Sein und Wesen [*esse* und *essentia*], welche allem Geschöpflichen

eigen ist. Nur in Gott sind Dasein und Wesen ident; Seinem Wesen ist es eigen, notwendig da zu sein; der ganzen Kreatur aber kommt es zu, daß in ihrem Wesen das Dasein eben nicht beschlossen ist: sie können sein oder auch nicht.

Wie nun das Verhältnis von Sein und Wesen zu bestimmen sei, bildet jenen schon erwähnten Streitpunkt in den Kontroversen der Schulen. Ja, nicht einmal darüber herrscht völlige Sicherheit, welches genau die Ansicht des Aquinaten darüber gewesen sei. Einem Versuch der Klarstellung hierüber wäre eine eigene Abhandlung zu widmen. Das *existentia-essentia*-Verhältnis wird von THOMAS dem von Potenz und Akt [Möglichkeit und Wirklichkeit] verglichen. Das Wesen verhält sich zu dem Dasein, der Existenz, die ihm von Gott verliehen wird, wie die Potenz zum Akt. Man wird hier der letzten Einheit thomistischer Metaphysik ansichtig: daß die ontologischen Grundprobleme von Akt-Potenz, Existenz-Essenz und der hierarchischen Ordnung des Gesamtseins, die vermöge des großen Gedankens der »*analogia entis*« durchkonstruiert wird, aus einem einzigen Quellpunkt hervorgehen, ja nur »Aspekte« des einen ontologischen Problems sind. Man darf allerdings durch diese letzte Einheit sich nicht etwa dazu verleiten lassen, die Eigenart des jeweiligen Problemaspektes zu übersehen oder wegleugnen zu wollen. Daß die Spezifizität der Probleme, ungeachtet ihres letzten Eins-Seins, gewahrt werden müsse, zeigt sich deutlich in der Frage nach den Akzidentien. Wäre nämlich die ontologische Gesamtproblematik sozusagen einlinig aufzubauen, so müßte das Sein der Akzidentien irgendwo, sozusagen noch oberhalb des reinen Stoffes, einen Ort finden. Dieses Sein des *accidens* aber ist zwar ein irgendwie uneigentliches, da es immer nur ein Sein »an«, aber niemals eines für sich sein kann, aber diese seine Un-selb-ständigkeit liegt nicht auf der Linie, die vom *actus purus* zur *potentia pura* führt, sondern gewissermaßen abseits.

Neben diesen ontologischen Fragen beschäftigen THOMAS

in der vorliegenden Abhandlung noch solche mehr logischer Natur. Schon einleitend verweist er auf den Doppelsinn des Wortes »Sein« als Sein der Dinge und als Sein des Wahren, um sich dann ausschließlich dem ersten zuzuwenden. Hier aber ist ihm darum zu tun, daß durchsichtig werde, in welchem Sinne man rücksichtlich des Wesens von Gattung, Art und Unterschied zu sprechen habe.

Als Gattung, Art oder Unterschied, lehrt THOMAS, kann das Wesen nur dann ausgesagt werden, wenn es nicht für sich, losgelöst von der Beziehung zum Denken wie von der zu den Dingen, sondern nur als ein gedachtes Ganzes aufgefaßt wird. Die Auffassung als Ganzes tritt jener gegenüber, die das Wesen als einen »Teil« des aus Stoff und Form zusammengesetzten Seienden ansieht und dabei von allen Individualmerkmalen [z. B. des Sokrates] absieht oder besser noch: sie vorgängig abscheidet [*praecisio*]. Ein Teil kann vom Ganzen nicht ausgesagt werden; die Aussage verlangt ein Ganzes, das irgendwie dem Subjekt der Aussage beigefügt wird, sozusagen die für dieses bestimmenden Merkmale, in neuer Weise gesehen, noch einmal in sich begreift. So kann ich sagen: Sokrates ist Mensch oder Lebewesen, aber nicht: Sokrates ist Menschenwesen, ist das Wesen des Menschen, ist die Menschhaftigkeit, welche Ausdrücke nur einen »Teil« des konkreten Ganzen: Sokrates bilden.

Mit dieser Erörterung streift THOMAS das berühmte »Universalienproblem«, aber nur eine Seite dieses. Wenn der Aquinate dem Satze des AVERROËS beipflichtet, der Verstand erzeuge den Allgemeinbegriff [*agit universalitatem*], so wird damit keineswegs dem Nominalismus das Wort geredet. AVERROËS glaubte, um dem Einwand zu entgehen, daß durch eine solche Auffassung alle Allgemeingültigkeit aufgehoben und dem Subjektivismus der Weg freigegeben sei, seine Zuflucht zu der Lehre von der »Einheit des Intellektes« nehmen zu müssen, die THOMAS hier kurz, anderweitig ausführlich, zurückweist, und die schon GULIELMUS PARISIENSIS und ALBERTUS MAGNUS zur Abwehr veranlaßt

hatte. THOMAS argumentiert so: Gewiß ist es der Verstand des einzelnen Menschen, der den Allgemeinbegriff bildet; aber er tut dies auf Grund der dieses Wesen an sich tragenden konkreten Individuen in Übereinstimmung des Begriffes mit der Beschaffenheit der Gegenstände. Den Begriff des »verschiedenen Individuen gemeinsamen Wesens« gewinnen wir vermöge der Feststellung von Gemeinsamkeiten an diesen Individuen; erzeugen kann das Denken den Begriff des Wesens nur, weil dieses in den Individuen real vorhanden ist. Diese Wirklichkeit in den Dingen ermöglicht erst das Entstehen des Begriffes. Wir haben hier jene Auffassung des *universale* vor uns, der THOMAS auch späterhin treu geblieben ist: das Allgemeine ist »vor den Dingen« [*ante rem*] als Schöpfergedanke Gottes, »in« ihnen [*in re*] als das von den realen Einzelnen getragene Wesen und »nach« ihnen [*post rem*] als der im einzelnen denkenden Geist gebildete Begriff.

THOMAS legt nun dar, daß der in den Dingen gelegene Anhub für die Gewinnung des Allgemeinbegriffes für die beiden Weisen dieses, nämlich für Gattung und Art, je ein anderer sei. Jene wird gebildet auf Grund des Stoffes; dagegen entspringt das unterscheidende Merkmal, wodurch die Gattung sich in Arten aufsplittert, der Form. [Das Individuum entsteht bekanntlich nach thomistischer Lehre vermöge des durch Abmessungen vorbezeichneten Stoffes, der *materia signata quantitate*.] Die Überlegung ist diese: bezeichne ich den Menschen als Lebewesen [Gattung], so gewinne ich diesen Begriff daher, daß ein lebender, empfindender Leib den Stoff des Menschen ausmacht [natürlich ist dieser Leib schon einer Form teilhaft, von der aber bei solcher Betrachtung abgesehen wird]; sage ich, der Mensch sei ein vernunftbegabtes Lebewesen, so beziehe ich mich, so die Art gewinnend, auf das unterscheidende, durch die Form gegebene Merkmal der menschlichen Seele. THOMAS hebt hervor, daß im Gattungsbegriff: Lebewesen das unterscheidende, artbestimmende Moment der

Vernünftigkeit schon ausdrücklich enthalten sei; gewissermaßen: es gehört zum Begriff der Gattung: Lebewesen, daß darunter auch die Art der vernünftigen fällt oder fallen kann. Dasselbe gilt vom Individuum rücksichtlich der Art; auch hier kann man von einem unausdrücklichen Enthaltensein sprechen: es ist der Art: vernünftiges Lebewesen, eigentümlich, in Sokrates konkretes Dasein gewinnen zu können. Der Schritt von Gattung zu Art aber vollzieht sich auf Grund eines Formmomentes, der von Art zu Individuum vermöge des Stoffes, der die Individuation bedingt.

Aus diesen Voraussetzungen entwickelt THOMAS durchaus folgerichtig seine, in dem vorliegenden Traktat nur kurz dargestellte Lehre von den Intelligenzen, den Engeln oder den *substantiae separatae*. Die menschlichen Seelen gehören alle einer Art an und verdanken ihre Individualität dem Stoffe, mit dem sie sich zu der leib-seelisch einen menschlichen Natur verbinden. Sie haben zwar ein selbständiges Dasein oder können ein solches [nach dem Tode] haben; aber das Sein der Seele ohne Körper ist, wie THOMAS später sagt [S. c. G. IV. c. 79] »gegen ihre Natur«, und es ist [ebenda] notwendig, daß sie sich wieder mit dem Leibe vereinige. Sohin ist die menschliche Seele, trotz ihres Geist-Seins, von den reinen Geistern [Intelligenzen] grundsätzlich verschieden. Das Wesen des Menschen umfaßt Stoff und Form, Leib und Seele. Die Engel aber haben nichts Stoffliches an sich [diese Meinung, selbst in der Gestalt der Annahme einer »geistigen Materie«, wird vom Aquinaten vollkommen abgelehnt]; sie sind reine Formen und infolgedessen keine Individuen, sondern jeder eine Art für sich. Die »Spezifikation«, die Unterscheidung der Arten rührt von dem größeren oder geringeren Grad ihrer Vollkommenheit her, d. h. von dem Maße, als ihrem Sein Möglichkeit »beigemischt« ist. Dadurch ist ein Unterschied begründet, der auch für diese Geister die Anwendung des Gattungsbegriffes gestattet. Nur Gott selbst ist jeder logi-

schen Einordnung entzogen, da in ihm Dasein und Wesen, Existenz und Essenz in Eins fallen. Denn die Voraussetzung, der alles Seiende genügen muß, um einer Einfügung in das System logischer Ordnung unterworfen werden zu können, ist die Möglichkeit des Auseinanderhaltens von »Teilen« an ihm, die gesondert betrachtet, die Zusammenfassung je nach verschiedenen Gesichtspunkten zulassen. Wie aber das Sein dieser »Teile« gedacht werden solle, ob sie als »Realitäten« anzusehen seien, oder als nur begrifflich voneinander zu trennende, ist die Streitfrage, welche seit THOMAS die Geister der Schulen so lebhaft beschäftigte, daß die Stellungnahme in diesem Punkte geradezu ein Merkmal der Schulzugehörigkeit wurde. Diesen Streitpunkt, das Bestehen eines realen Unterschiedes, *distinctio realis*, zwischen Dasein und Sosein oder Wesen, zwischen *existentia* und *essentia* müßte, seiner großen Bedeutung für die Geschichte der Philosophie wie für manche Gegenwartsfragen wegen, einer gesonderten Betrachtung unterzogen werden. Diese in dem hier gesteckten Rahmen durchzuführen, ist nicht möglich. Wir dürfen über diesen Punkt um so mehr hinweggehen, als THOMAS nicht ausdrücklich die Frage nach der Art, wie *existentia* und *essentia* zu unterscheiden seien, behandelt. Anderseits wollen wir nur eben anmerken, daß die Auffassung dieses Unterschiedes von großer Bedeutung für die Entwicklung der Seinsspekulation in späteren Jahrhunderten geworden ist, wenn auch die Denker dieser Zeiten sogar das Bestehen des Problems vergessen hatten. Man wird eine ausdrückliche Namhaftmachung seiner in den klassischen Werken des XVIII. und XIX. Jahrhunderts vergeblich suchen. Erst in allerjüngster Zeit hat N. HARTMANN es wiederum bei seinem Namen genannt.

Der letzte Abschnitt des Traktates behandelt die Akzidentien, denen nur ein unselbständiges Sein an einem eigenständigen Seienden [Substanz] zukommt. Sie können allesamt nur begrifflich von ihren Trägern abgesondert und zu

Gattungen zusammengefaßt werden, wobei die Beziehung zu diesen Trägern – gemäß den verschiedenen Aussageweisen [z. B. Quantität] – die Grundlage für die Begriffsbildung abgibt.

Es wurde schon [Anm. 15, S. 151] auf die große Bedeutung hingewiesen, die den Ausführungen des Aquinaten zukommt. Er hebt nämlich hervor, daß diese logischen Abhängigkeiten wohl in ihrer Allgemeinheit erkannt, nicht aber in jedem Falle von unserem Denken auch tatsächlich vollzogen werden können. Wir kennen, sagt er, von den geistigen Substanzen [Intelligenzen und Seelen] weder Gattung, noch Art, noch Unterschied, noch die ihnen eigenen hinzukommenden [akzidentiellen] Merkmale; die Wesensunterschiede der stofflichen Dinge vermögen wir nicht unmittelbar zu erschauen, wir sind genötigt, ihr Vorhandensein aus den ihnen entspringenden Wirkungen zu erschließen, d. h. also auf Grund von akzidentiellen Bestimmungen, die wir denn auch den Bezeichnungen zugrunde legen, die wir für diese erschlossenen Wesenszüge prägen; aber nicht einmal die Akzidentien sind uns immer zugänglich – auch sie müssen aus ihren Wirkungen, also aus Akzidentien des Akzidens, erschlossen werden.

In dieser Darlegung kommt zweierlei zum Ausdruck: erstens die »erkenntnistheoretische« Haltung des Aquinaten, die man als »kritischen Realismus« bezeichnen kann, da uns die »Wirk-lichkeit« in ihrem Dasein wohl gewiß, in ihrem Sosein aber nur durch ihre Wirkungen hindurch erfaßbar ist. Sodann, daß THOMAS weit von einem »Intellektualismus« oder »Rationalismus«, einer Überwertung des Verstandesmäßigen, entfernt und sich der »Grenzen unseres Erkennens« sehr wohl bewußt ist. Diese beiden Züge scheinen ebenfalls gerade im Hinblick auf manche moderne Problemstellungen bedeutsam, wenn zwar hier ein näheres Eingehen auf diesen Punkt nicht gestattet ist.

II. Gegenwartsbedeutung der thomistischen Philosophie

SPEKULATIONEN ÜBER das Sein stehen am Anfange nahezu aller Philosophie. Ist es doch natürlich, daß der Mensch, umgeben von der vielgestaltigen und sich ständig wandelnden Welt, sich die Frage vorlege, was dies alles »sei«; was es ausmache, daß manches beharre und anderes vergehe; woher alles komme, wohin es verschwinde. So ist die Frage nach dem Sein die erste, dem Range wie dem Sinne nach, und fast auch die erste in der Geschichte des menschlichen Denkens. Ja, der Begriff, mit dem sie sich beschäftigt — er mag des Näheren wie immer zu bestimmen sein —, ist vielleicht auch der erste, der nicht nur der Besinnung auf das Wesen der Welt, sondern der auch dem eben erwachenden Geist des einzelnen Menschen begegnet. Die mittelalterliche Philosophie lehrt, der Begriff des Seins sei der erste, der sich dem denkenden Geist aufdränge: *primus conceptus, qui cadit in mentem, ens.* Es ist bemerkenswert, daß die entwicklungspsychologische Forschung von heute zu einer gleichklingenden Vorstellung gelangt: der erste Begriff, den das Kleinkind — zum Gebrauch seiner Vernunft heranwachsend — bildet, ist abermals der des Seins oder des Seienden [s. Anm. 2, S. 117]. Schon diese Andeutungen genügen, um die hervorragende Bedeutung aller Spekulation über das Sein sichtbar zu machen. Von dem griechischen Worte für Seiendes, *τὸ ὄν*, hat dieser Hauptteil philosophischen Nachdenkens den Namen: Ontologie.

Eine Geschichte dieser Bemühungen um die Klärung des Seinsproblems aufzeichnen zu wollen, hieße eine Geschichte der Metaphysik entwerfen. Daran darf hier nun nicht gedacht werden. Die Aufgabe dieses Nachwortes ist vielmehr eine bescheidenere; aber nicht einmal diesem enger, sehr enge gesteckten Ziele können diese wenigen Seiten auch nur in geringstem Umfange gerecht werden. Es wird sich mehr darum handeln, Anregungen zu geben und durch Andeutungen vielleicht diesen oder jenen Leser zu

weiterem Studium zu bewegen, als darum, die nunmehr näher zu bezeichnende Aufgabe wirklich zu lösen.

Zweierlei wäre zu tun. Man hätte erstens die Bedeutung ontologischen Fragens und Bemühens gerade für die Gegenwart aufzuzeigen; zweitens die Stellung der hier abgedruckten und erläuterten Schrift des heiligen THOMAS, des »Fürsten der Schule«, in der Geschichte der Ontologie kurz zu kennzeichnen.

Das erste erforderte einen flüchtigen Überblick über die im heutigen philosophischen Denken wirksamen Motive und sohin, da das philosophische Denken immer in den Gesamtzusammenhang geistiger Bewegung überhaupt hineingestellt ist, einen Überblick auch über die »geistige Lage«, in der wir uns befinden. Das zweite Thema kann hier nicht in Angriff genommen werden. Vielleicht darf ihm einmal eine breitere Darstellung gewidmet werden. Eine solche ließe erkennen, wie »aktuell« die Problemstellungen und Lösungen der »veralteten« scholastischen Philosophie im Grunde auch heute noch oder gerade heute wieder sind. Für den Augenblick ist aber Beschränkung dringendes Gebot.

Die Geistesgeschichte zeigt nun, daß die Ontologie, die Jahrhunderte hindurch einen Hauptteil aller Philosophie ausmachte, während der jüngsten Vergangenheit nahezu völlig in den Hintergrund gedrängt, ja verpönt und geächtet wurde. Als um die Mitte des verflossenen Jahrhunderts der Münchener Professor der Philosophie PRANTL daran ging, die »Geschichte der Logik im Abendlande« zu schreiben und zu diesem Zwecke auch die mittelalterlichen Handschriften und die alten Drucke heranzog, tat er dies in der Erwartung, die Nichtigkeit aller dieser Spekulationen ein für allemal zu erweisen und jede weitere Beschäftigung damit überflüssig zu machen. PRANTL müßte sich höchlich verwundern, wenn er sähe, welche Bedeutung heute der mittelalterlichen Philosophie zuerkannt und wie sehr die Beschäftigung damit geschätzt wird. In der Ge-

schichte der Ontologie klafft eine Lücke; durch nahezu zwei Jahrhunderte war sie vergessen, so sehr, daß selbst innerhalb katholischer Philosophie vielfach ganz andere Denkgepflogenheiten aufkamen. Erst allmählich erwachte ein neues Interesse an diesen Spekulationen. Man kann mit vollem Rechte von einer »Renaissance der scholastischen Philosophie« sprechen. Freilich ist diese Renaissance so wenig wie sonst eine wirkliche »Wiedergeburt« in dem Sinne, als ob alle Kontinuität zerrissen gewesen wäre. Weder war je die Verbindung mit der antiken Kunstüberlieferung vollkommen verloren gegangen, auch nicht in den ersten mittelalterlichen Jahrhunderten [vgl. die glänzende Darstellung von WIECKHOFF, Die Wiener Genesis], noch brachte der »Humanismus« etwa erst wieder das Gedankengut der Griechen der gebildeten Welt des Abendlandes zu Bewußtsein, noch auch war die Kenntnis mittelalterlicher Philosophien selbst zur Zeit der »Aufklärung« und des »Idealismus« je restlos entschwunden gewesen [s. z. B. MASNOVO, Il Neo-Tomismo in Italia, Mailand 1926].

Die Strömungen, in denen das ontologische Denken sich bis in die heutigen Tage fortsetzte, blieben sozusagen unterirdische, und heute wieder auftauchende Motive können in dem philosophischen Schrifttum jüngst verflossener Jahrzehnte kaum aufgespürt werden. Es scheint daher richtig, daß man den Geist unserer Zeit selber daraufhin befrage, was denn in ihm zu einer Wendung auf ontologisches Denken drängen könnte. Dabei wird sich, wie wir hoffen, zeigen lassen, daß jene Wendung in einem sozusagen entscheidenden Augenblicke von der erst eingeschlagenen Richtung wiederum abgewichen ist und daß heutiges Philosophieren vielfach einen Weg eingeschlagen hat, der nicht zu einer wahren Ontologie, sondern nur zu dem Schein, fast möchten wir sagen: dem Gespenst einer solchen führen kann. Noch vor nicht allzuvielen Jahren konnte E. PRZYWARA die Frage wagen: Wende zu HEGEL oder Wende zu — THOMAS? [Logos Bd. 15]. Heute müssen

wir bekennen, daß es — zumindest bei vielen — weder um eine Wende zu dem einen noch zu dem anderen geht, sondern daß das neue ontologische Denken, kaum erwacht, sich bereits in unheilvoller Weise verstrickt hat.

Dafür den Grund anzugeben, dürfte nicht allzu schwer fallen. Und mit dem Aufweis dieses Grundes sind wir auch schon bei einem der wesentlichsten Motive für das neue Interesse an Ontologischem angelangt. Ontologie ist Lehre vom Sein. Da es aber der Seienden viele und verschiedengestaltige gibt, ist sie auch notwendig Lehre von deren Ordnung. Diese Ordnung begriff mittelalterliches Denken, wieweit immer die Schulen auseinandergehen mochten, ausnahmslos als eine hierarchische, als einen Stufenbau von Seiendem, das sich zu immer höherer Vollendung aufgipfelte und folgerichtig in einem Höchstvollkommenen ausmünden mußte. Die Ontologie erschien so als ein *praeambulum fidei:* Theologie, Glaubenslehre, Offenbarung erst waren berufen, das Weltgebäude abzuschließen. Nicht als ob, wie man vereinzelte Äußerungen ungerechtfertigterweise verallgemeinernd oft gesagt hat, Philosophie nur als eine »Sklavin« — *ancilla theologiae* — Daseinsrecht gehabt hätte; diente sie auch, letzten Endes, der Theologie, so war es doch nicht Sklavendienst, den sie leistete, sondern eher der Dienst, den der freie Mann freiwillig auf sich nahm. Das Mittelalter sah ja in freiwilliger Unterordnung, im Dienste des Lehensmannes etwa, keine Erniedrigung, sondern eine Erhöhung menschlicher Würde. Den Begriff des Dienens mit dem der Sklaverei, den der Freiheit mit jenem der Ungebundenheit zu verwechseln, blieb erst jenem Geiste vorbehalten, der sich — spottend seiner selbst und weiß nicht wie — den der »Aufklärung« nannte. Aber diese »Klarheit«, die er in »Überwindung des finsteren Mittelalters« verbreitete, war den Menschen offenbar unzuträglich. Nicht nur, daß zu allen Zeiten die »Dunkelmänner« nicht alle werden wollten, daß noch so gründlicher »Aufklärung« zu Trotz noch immer viele und nicht unbedeu-

tende Geister den Weg in jene »Finsternis« zurück suchten und fanden: je heller es wurde, desto unruhiger, sonderbar genug, schienen die Menschen zu werden. Man sagt, daß die nachtlosen Zeiten der Mitternachtsonne den Menschen nur schwer erträglich seien. So scheint es der abendländischen Menschheit ergangen zu sein: anstatt daß sie sich in jener Helle, die alles finstere Wesen, alle Truggebilde noch unaufgeklärten Geistes zu vertreiben gedachte, immer wohler gefühlt hätte, wurde sie von einer immer tieferen, immer mehr um sich greifenden Unruhe und Angst befallen. Sie empfand offensichtlich, ohne sich dessen zunächst bewußt zu sein, daß alle die klugen und tiefen Systeme, daß alle die »Triumphe menschlichen Geistes«, daß alle die Reden von »nichts anderes als« und alle die Erwartungen, demnächst die letzten Rätsellösungen in »leicht faßlicher« Form vorgesetzt zu bekommen, nicht nur nicht das gehalten hatten, was sie zu versprechen schienen, sondern dies auch gar nicht halten konnten. Von allen Seiten boten sich »Weltanschauungen« an, heute diese, morgen jene — sie kamen und verschwanden, sie fanden Anhang und Gegnerschaft; aber keine erweckte wirklich Vertrauen: sie hingen in der Luft. Die Menschen fühlten: es ist besser in finsterer Nacht auf festem Boden zu stehen, als im leuchtenden Sonnenlicht auf einem uferlosen Ozean zu treiben.

Die seit Jahrhunderten bereits begonnene Zerstörung jener Sicherheit, welcher, allen gedanklichen Schwierigkeiten und allem Streit der Schulen zu Trotz, sich das mittelalterliche Denken in den letzten und grundlegenden Fragen erfreuen durfte, hat seit dem Ausgange des Mittelalters immer rascher um sich gegriffen. So verschiedenartig die Lehrmeinungen scholastischer und nicht-scholastischer Systeme gewesen waren: es hatten doch immer noch Gemeinsamkeiten bestanden; ein SIGER VON BRABANT sprach doch sozusagen dieselbe Sprache wie sein großer Gegner THOMAS, und selbst die Ausführungen eines so extrem nominalistischen Spätscholastikers, wie etwa des Kardinals PIERRE

D'AILLY, kamen noch in irgendwelchen Grundvoraussetzungen mit den Gedanken eines Thomisten überein. Aber die Systeme, die im Laufe der Neuzeit und zumal im XIX. Jahrhundert, als man sich wiederum getraute, Philosophie zu treiben, die ja geraume Zeit überhaupt verpönt war, entstanden, redeten kaum noch dieselbe Sprache. Was z.B. der Neu-Kantianismus unter Philosophie verstand, war überhaupt nicht mehr dasselbe, was etwa ein Positivist meinte, wenn er von Philosophie sprach.

Die »Toleranz« der liberalistischen Geisteshaltung artete in einen übersteigerten Subjektivismus aus, der oft genug an der Existenz, fast immer an der Erkennbarkeit der einen Wahrheit zweifelnd, zu einer Einstellung gelangte, die ihren schärfsten Ausdruck in der trivialen und in sich widerspruchsvollen – obzwar der Widerspruch gar nicht mehr verspürt wurde – Rede fand, etwas sei »für mich« wahr, für jenen anderen aber nicht. Jede Relativierung der Wahrheit, welche deren Geltung irgendwie – sei es in bezug auf Individuen, Gruppen, Kulturen oder Zeiten – einschränkt, ist ein Produkt oder ein Überbleibsel liberalistischen Denkens.

Der Menschheit aber konnte doch jenes gesunde, der menschlichen Natur wesenhafte Empfinden nicht endgültig genommen werden: daß es der Wahrheit eigentümlich sei, schlechthin und allgemein zu gelten. Da dieser Zeit aber sowohl – in weitem Umfange – der lebendige Glaube und fast durchweg das Zutrauen in die Tragfähigkeit metaphysischer Spekulation verloren gegangen war, suchte sie anderswo nach einem Halt. Aus diesem Suchen und der – berechtigten – Bewunderung, welche die großartigen Leistungen der Naturwissenschaft und deren Anwendung in der Technik erregten, entsprang die für das XIX. Jahrhundert so kennzeichnende maßlose Überschätzung der »exakten Wissenschaften«. Wissenschaft schien nur eine Lehre heißen zu können, die nach dem Schema der Naturwissenschaften und mittels deren Methoden gebaut wäre.

So entstanden die Truggebilde einer Psychologie, einer Gesellschaftslehre, ja selbst einer Geschichtswissenschaft, die nach Art der Naturwissenschaft gedacht werden sollten; obzwar sie sich immer wieder als unerreichbar erwiesen, glaubte der wissenschaftliche Optimismus des XIX. Jahrhunderts unbeirrt an die Ausführbarkeit solcher Programme, deren Verwirklichung zwar »noch nicht« erreicht sei, aber ehestens eintreten werde. Ja, man ging, der Alleingültigkeit naturwissenschaftlichen Denkens sicher, in Vorwegnahme solcher Verwirklichung so weit, ein philosophisches System zu konstruieren, das die »Durchdringung aller Wissensgebiete mit naturwissenschaftlichen Methoden« als vollzogen voraussetzte und daraus seine Folgerung gewann: der Materialismus. Als ein trauriges Derelikt, behütet von einigen wenigen, die den Sinn der neuesten Geistesentwicklung nicht zu begreifen vermögen und dem naturwissenschaftlichen Formelkram auch dort Treue halten, wo er ganz und gar keine Anwendungsmöglichkeit findet, führt der Positivismus, dieses echteste Kind des XIX. Jahrhunderts, noch da und dort, auf Lehrkanzeln, in Büchern und Zeitschriften, ein Schattendasein. Wenn er und sein geistiger Ahne, der Materialismus, noch immer ein klägliches Leben zu fristen vermögen, so liegt der Grund nicht darin, daß an ihnen »doch etwas Wahres« ist, sondern an der Verquickung mit weltanschaulichen und vor allem mit politischen Motiven, die diese Pseudo-Philosophien eingegangen sind. Und auch daran, daß sie, im Grunde genommen, der Denkfaulheit sehr vieler, die doch auch von Philosophie »etwas verstehen« möchten, außerordentlich entgegenkommen. Von der Formelsprache, die zu erlernen nicht schwer ist, abgesehen, ist eine Abhandlung positivistischen Gehaltes herzlich simpel, was bei der dieser »Philosophie« innewohnenden Problemblindheit nicht weiter wunderbar ist. Blindheit für Probleme bei einigen Wenigen schafft aber die Probleme so wenig aus der Welt, wie Farbenblindheit ein Argument gegen das Vorkommen von Rot und

Taubheit eines gegen Existenz und Sinn der Johannes-Passion des J. S. BACH bedeutet. Es ist für den »Geist« dieser und ähnlicher Lehren geradezu charakteristisch, daß sie in weiten Kreisen Anhänger finden konnten, einer »Popularisierung« sich fähig zeigten; weder die Philosophie eines THOMAS, noch die eines DESCARTES oder KANT ist je so »populär« geworden, wie der Materialismus. Das unbeschreiblich öde Geschwätz, das in den Kreisen sogenannter »Freidenker« sich breit macht, hätte niemals aus den Werken der genannten Denker entnommen werden können; aber man muß zugeben, daß zwischen diesem Gerede und den »philosophischen« Abhandlungen materialistischer und positivistischer Autoren wohl große Unterschiede im Formalen, aber recht geringe im Inhaltlichen bestehen.
Nicht als ob es nicht möglich und wünschenswert sei, daß auch außerhalb des engen Kreises derer, die aus Leidenschaft oder Beruf sich mit Philosophie abgeben, das Interesse dafür lebendiger und das Verständnis tiefer werde als es gemeinhin der Fall ist. Aber man darf nicht die Illusion erwecken, als sei es möglich, »leicht faßliche« Darstellungen echter Philosophie zu geben oder sich den Gehalt eines echten philosophischen Systems in flüchtigem Lesen popularisierender Schriften anzueignen. Dorthin einzudringen, wo die größten Denker der Menschheit in hartem Bemühen um Klarheit gerungen haben, erfordert Anstrengung und Geduld. Die Lehrer der Vorzeit haben freilich den Weg gebahnt und manches Hindernis zur Seite geschafft; aber der Aufstieg auf ihre Höhe bleibt darum doch steil und schwer genug und wird nie zu einem bequemen Promenadenweg. Man kann zwar die Gipfel der Alpen durch Seilbahnen »allgemein zugänglich« machen, nicht aber die des Geistes.

Nur zu bald begannen die Menschen sich unbefriedigt zu fühlen. Die »Wissenschaft« verwirklichte nicht, was zwar nicht sie selber, wohl aber eine beträchtliche Zahl ihrer Vertreter und eine noch größere unbedeutender Mitläufer

emphatisch prophezeit hatte. Die »Welträtsel« blieben, allen Versicherungen entgegen, ungelöst. Aber auch in anderen Gebieten machte sich tiefste Enttäuschung geltend. Das goldene Zeitalter, welches der die Wirklichkeit verwissenschaftlichende Geist — oder Ungeist — hervorzuzaubern versprochen hatte, wollte sich nicht einstellen. Man begann — und zwar schon geraume Zeit vor dem Kriege — zu spüren, daß das Denken einen Irrweg gegangen war.

Die Einzelheiten des Abbröckelns der »wissenschaftlichen Weltanschauung« und dessen verschiedene Erscheinungen können hier nicht geschildert werden. Nur einige skizzenhafte Züge sollen die geistige Gesamtlage andeuten. Als sich das Vertrauen auf die »exakte Wissenschaft« enttäuscht sah, da befand sich die Menschheit in einer geistigen Lage, derengleichen es vielleicht niemals gegeben hatte. Denn in jenen Jahrhunderten, da die Sicherheit der Glaubenswelt nur allzuvielen zu wanken schien, und in jenen Zeiten, da — nicht ohne Abhängigkeit von dem Zusammenbruch des Glaubens — auch philosophische Spekulation ihr Ansehen verlor, bot sich den Geistern eben die »Wissenschaft« als rettende Zuflucht an. Nun aber hatte diese versagt, und es gab kein Gebiet mehr, wo Sicherheit und Erlösung gewinkt hätten. Die geistige Krisis, der innere Zusammenbruch waren viel ungeheuerlicher, als je einer zuvor, ungeheuerlicher auch, als man es wahr haben wollte.

Aus jedem Zusammenbruch aber gebiert sich eine neue Welt, freilich nicht ohne tiefste Erschütterungen und nicht ohne langen, zuweilen Jahrhunderte hindurch dauernden Kampf. Wie der Niedergang des römischen Weltreiches von den unsäglichen Wirren der Völkerwanderung gefolgt war und erst allmählich daraus die großartige Geschlossenheit mittelalterlicher Lebensform erwuchs, so ist allgemeine Geistesverwirrung »Übergangserscheinung«, Ausdruck eines Niederganges, der sich vollzieht, und eines Aufganges, der sich erst vorbereitet. In allen solchen Zeiten geschieht es, daß gar mancher verzweifelt nur noch

dem Entschwundenen nachtrauert, ein anderer das Heil in der Wiederbelebung längst abgestorbener Dinge sucht, ein Dritter sich dazu aufschwingen will, den Zusammenbruch selbst zu bejahen und in der Sinnlosigkeit den Sinn der Welt zu erblicken meint. Alles dieses haben wir sich vollziehen gesehen und sehen es vielfach noch heute. Es ist wirklich etwas von der Stimmung in der Welt, wie sie jene Reden Christi schildern, die wir alljährlich zu Ende und am Anfange des Kirchenjahres lesen, und von jenem Verhalten, das im Timotheus-Brief geschildert wird. Vielleicht sind übrigens die großen politischen, sozialen und geistigen Katastrophen jeweils analogische Abbildungen des Weltenendes, so daß gewisse chiliastische Ideen zwar nicht recht behalten, aber doch einer nicht ganz unberechtigten Ahnung Ausdruck geben.

Die Katastrophenstimmung, die von der abendländischen Menschheit etwa seit der Jahrhundertwende – *fin de siècle, finis saeculi,* nicht nur des Jahrhunderts, sondern des *saeculum*, der irdischen Welt – Besitz ergriffen hatte, drängte einerseits zur Flucht in das sogenannte Irrationale der verschiedenen Sekten [zumeist sind aber ihre Lehren ein sich in wilden Krämpfen überschlagender Rationalismus] oder des philosophischen Irrationalismus, über den sofort einiges zu sagen sein wird, anderseits zur Rückwendung auf alte, halbvergessene, philosophische Fragestellungen und Problemlösungen.

Mit den Sekten, in deren Ideenkreis die Rückwendung auf Älteres sich vielfach zu der skurrilen Überwertung des angeblich Uralten verzerrt, brauchen wir uns nicht zu befassen. Der philosophische Irrationalismus aber ist uns wichtig, und zwar vornehmlich in zweien seiner Formen: der sogenannten Lebensphilosophie und der Existentialphilosophie. Beiden ist eine, jener Neigung der Sekten nicht unverwandte, Tendenz gemeinsam: der Rückgriff auf das »Ursprüngliche«, das »Tiefe«, das eben darum, weil es zutiefst gelegen erscheint und »vorangeht«, auch als das Eigentliche

und Werthafte aufgefaßt wird. Diese Meinung beruht klarerweise auf einem Fehlschluß; nicht Ursprünglichkeit oder Ähnliches begründen die Werthöhe, welche selbstverständlich jedem Seienden — *omne ens bonum* — zukommt, sondern diese hängt am Sein des jeweils Seienden als solchen. Es ist sogar höchst wahrscheinlich, daß vielfach das Ursprüngliche, trotzdem es Ursprung und Voraussetzung ist, an sich wertniedriger sei als das »Spätere«; Leben ist freilich ein Seins- und daher Wertbereich für sich, aber innerhalb des Ganzen der menschlichen Person beruht sein Wert noch weit mehr darin, daß es »Träger« des Seelischen wird, zu diesem im Verhältnis des Dienstes steht, ein Wert »auf das Seelische hin« ist.

Die »Lebensphilosophie« entstand aus einer vielfach berechtigten Abwehr gegen einen physikalisierenden Rationalismus, aus dem Bedürfnis, die Eigenart und das Eigenrecht des Organisch-Lebendigen gegenüber einer atomistisch-quantitativ konstruierten Welt der exakten Naturwissenschaften zu betonen. Aber diese Betonung des Eigenrechtes wurde alsbald übersteigert zu einer Absolutsetzung. »Das Leben« erschien ebenso als der eigentliche und allbeherrschende Wert, wie es unversehens zu dem alleinig Wirklichen erhoben wurde.

Neben diese, immerhin eine, wenn zwar arg verfälschte, »Wende zum Sein« hin bedeutende Strömung trat eine zweite: die sogenannte Existentialphilosophie, die zu einer nicht minder einseitigen Absolutsetzung gelangte: »Existenz« hatte hier nicht mehr jenen Sinn, den dem Begriff seit altersher die Philosophie beigelegt hatte, sondern bedeutete: menschliches Dasein. Bei HEIDEGGER geht es um »je mein Dasein« und heißt Dasein zunächst nichts anderes als dieses mein Dasein.

Erscheint in der »Lebensphilosophie« eine schon lange vorbereitete, in dem Denken FR. NIETZSCHES vielleicht zuerst zu voller Deutlichkeit durchgebrochene Vereinseitigung und Absolutsetzung einer bestimmten Seinsschicht, gewis-

sermaßen ein zur Weltsicht aufgeschwollener Biologismus, so stellt sich die Existentialphilosophie dar als ein Ausläufer recht eigentlich eines »Humanismus«, der den Menschen, ihn loslösend von den sonstigen Seinszusammenhängen, in die Mitte des Alls rückt.

Diesen beiden Richtungen muß eine vorsichtig abwägende, sich einer voreiligen Absolutsetzung und einseitigen Verleihung eines Wertakzentes enthaltende Gesamtsicht der Ordnung des Seins überhaupt entgegengestellt werden, wenn das Denken nicht Gefahr laufen soll, sich in schwärmerische Phantasterei oder in überspitzte Vergewaltigung der Wirklichkeit zu verlieren. In der klaren Umsicht und nüchternen Abwägung der im Gesamtbereich des Seins waltenden Wechselbeziehungen, in der Anerkenntnis einer alle Seinsschichten beherrschenden Gesetzlichkeit, derzufolge die hierarchische Ordnung der einzelnen Seinsschichten gewährleistet und in etwa durchdringbar wird, in dieser Grundhaltung der scholastischen Systeme, zumal jenes des *doctor angelicus*, bietet sich eine Möglichkeit an, ebensowohl im chaotischen Widerstreit der Meinungen einen sicheren Standpunkt zu gewinnen, wie auch das in jenen enthaltene Positive herauszulösen und es, sogar das anscheinend Gegensätzliche, in eine einheitliche Schau zu binden. Man dürfte nicht zu weit gehen, wenn man behauptete, daß die modernen Ontologien – mögen sie sich als solche verstehen oder nicht – letzten Endes Abwandlungen der einen, alten und stets neuen, der Vergangenheit entsprungenen, aber nie überlebten, scholastischen Ontologie seien.

Wenn man einen Blick auf die scholastische Existenz-Problematik wirft und sie mit der von heutigen Denkern erörterten vergleicht, so wird man dessen inne, daß die großen mittelalterlichen Philosophen alle diese Fragen in einen viel weiter gespannten Rahmen hineinzustellen wußten und daher auch von einem weit höheren Standpunkt zu behandeln vermochten.

Dieser umgreifende Rahmen wurde gesprengt und die hohe Warte echter Spekulation verlassen, als gewisse, im Hochmittelalter noch niedergehaltene oder in den gewaltigen Synthesen »aufgehobene« — im HEGELschen Verstande des Wortes — Teilanschauungen begannen, auf Absolutheit, d. h. auf Selbstand ohne Rücksicht einer Bindung in ein Systemganzes, Anspruch zu erheben. Den ersten Bruch bereitete der lateinische Averroismus vor, zu dessen Grundannahmen die gehört, daß es eine »doppelte Wahrheit« gebe, eine philosophische und eine theologische oder religiöse, die miteinander nicht übereinstimmen müßten. Trotz der noch etwas vorsichtigen Ausdrucksweise gibt sich diese verderbliche Auffassung schon bei SIGER VON BRABANT kund. Dieser *magister artium* beteuerte zwar immer, man habe sich an diese oder jene kirchliche Lehre zu halten, indes sei, *secundum philosophos*, nach der Meinung der Philosophen, die Sachlage eine andere. Diese Redewendung wurde schon von den Zeitgenossen als eine durchsichtige Maske empfunden, obwohl sie den SIGER vor schwerer Verurteilung bewahrte. Immerhin wurde er, der von dem Gerichte des Legaten SIMON DE VAL an den Papst berufen hatte, zu dauernder Konfinierung am römischen Hofe verurteilt und starb in Orvieto, von seinem Sekretär ermordet, »elend in fernen Landen«, wie PECKHAM einmal bemerkte. Die spätere Averroistenschule aber vertrat öffentlich und unbekümmert diese Lehre von der »doppelten Wahrheit«. Man wird an diese Stellungnahme erinnert, wenn man bei den heutigen Positivisten liest, daß es zwar nur eine allgemeingültige Ansicht geben könne, die ihnen die in einer abstrusen und überflüssigen Formelsprache ausdrückbare angeblich »wissenschaftliche« oder gar »einheitswissenschaftliche« ist, aber daneben eine unmittelbare Anschauung des naiven Erlebens, über die aber eine zwischenmenschliche Verständigung nicht möglich sei.

Man hat, scheint uns, überhaupt den Auswirkungen des Averroismus noch zu wenig Beachtung geschenkt. Er ist

in Wahrheit ebensowohl der Vater des spätmittelalterlichen Nominalismus [schon bei SIGER finden sich verstreut eindeutig nominalistische Thesen] wie der Urheber des Niedergangs echter ontologischer Spekulation. Der Aufweis des Eindringens und Fortwirkens der Gedankengänge des lateinischen Averroismus in die Philosophie des XIV. bis XVI. Jahrhunderts und, darüber hinaus, in die der Neuzeit und des Fortbestehens dieser Ideen, in oft kaum veränderter Gestalt, in den neueren und neuesten Systemen, muß aber einer gesonderten Untersuchung aufgespart bleiben.

Aber mit der Scheidung einer theologischen und einer philosophischen Wahrheit war ein Schritt getan, der für die metaphysische Spekulation nur verhängnisvoll werden konnte. Die Aufstellung einer besonderen »philosophischen Wahrheit« führte dazu, daß jede Behauptung, die mit den Mitteln der Philosophie, wie sie jene Richtung verstand, unbeweisbar, und jeder Tatbestand, der dem Zugriff ihrer Formeln unzugänglich war, in ihrem Rechte und ihrer Geltung zweifelhaft wurden. Die Einzelwissenschaften, die sich allmählich aus dem Verbande der einen Philosophie loslösten und zu selbständigen Disziplinen wurden, übernahmen diese Auffassungsweise. Die Lehre von der »doppelten Wahrheit«, anfänglich auf den vermeintlichen Gegensatz in theologischer und philosophischer Sicht zielend, wandte sich gegen die Philosophie, aus der sie entsprungen war; die aufstrebende und immer zu größerer Unabhängigkeit gedeihende junge Wissenschaft beanspruchte alsbald eine Wahrheit auch für sich, die wiederum der von der Philosophie vertretenen widerstreiten durfte. Je nachdem wurde entweder der Spekulation eine — von der Wissenschaft als minderen Grades beiseite geschobene — eigene Wahrheit zugebilligt, oder es beanspruchte die Wissenschaft, die Philosophie zu belehren und über sie Gericht zu halten. Schon zu GALILEIS Zeiten wird merkbar, daß die Beurteilung der Rangstelle, die im System der Seinserkenntnis der Philosophie einerseits, den Tatsachenwissen-

schaften, zumal der auf Mathematik gegründeten, anderseits zukommt, eine andere, zugunsten der später »exakt« genannten Disziplinen verschobene wird. Auch heute noch ist man keineswegs so weit, daß das richtige Verhältnis wieder hergestellt wäre; noch viel zu wenige erkennen, daß die Naturwissenschaften nicht das Ideal und die Vollendung des Weltverstehens, sondern — wie es TH. HAERING trefflich ausgedrückt hat — eine »Resignationsstufe« dieses darstellen. Die einseitige Überwertung der Naturwissenschaften, deren bedauerliche Wirkung zuvor kurz gekennzeichnet wurde, ist eine Folge davon, daß durch die Lehre von der »doppelten Wahrheit«, wie sie der lateinische Averroismus vertrat, der Sinn für echtes Weltverständnis und für die Wahrung der Rangordnung aller darauf zielender Bemühungen zerstört worden ist.

Nicht der Nominalismus eines WILHELM VON OCKHAM ist der eigentliche Ahne gewisser heute umlaufender Philosopheme [obzwar deren Verteidiger sich gerne auf OCKHAM berufen, freilich ohne seine Lehre und seine Stellung in der Geistesgeschichte wirklich zu kennen], sondern jene Schule, die den »KOMMENTATOR« zu ihrem alleinigen Meister gemacht hat. Um diese geistesgeschichtlichen Zusammenhänge zu durchschauen, bedarf es allerdings einer genaueren Kenntnis als es jene ist, die durch Lehrbücher vermittelt wird oder etwa durch das Werk PRANTLS, eines Mannes, der umfassendes Wissen mit erstaunlichem Unverständnis der von ihm untersuchten Probleme und Denker auf das unglücklichste vereinigte.

Die Überschätzung der Naturwissenschaften und die Öde des an diesen allein sich haltenden Positivismus mußte, wie gesagt, eine Gegenwirkung hervortreiben, die sich in einem Erwachen des Interesses an ontologischer Fragestellung kundgibt. Es gehört aber zu den Eigentümlichkeiten metaphysischen Fragens, daß schon die Stellung der Frage die Antwort in etwa vorwegnimmt oder geradezu voraussetzt. Nirgends ist die Verantwortung des bloßen Fragens

so groß, wie in aller Spekulation über das Sein. Eine falsch gestellte Frage bleibt in der Naturwissenschaft einfach unbeantwortbar. In diesem Bereiche, aber auch nur in diesem, besteht die MACHsche Rede, ein unlösbares Problem sei ein falsch gestelltes, und auch hier nur einigermaßen, zu Recht; sonst überhaupt nirgends. In der Metaphysik gibt es die Gefahr der Scheinlösungen in ganz anderem Sinne als sonstwo. Darum ist dem Metaphysiker der ständige Rückgriff auf seine Ausgangsstellung zu besonderer Pflicht gemacht. Zu besonderer, weil auch der Vertreter der Einzelwissenschaften solcher Verpflichtung keineswegs restlos überhoben ist; manche unglückliche und sogar schädliche Theorienbildung, zumal in anthropologischen und seelenkundlichen Dingen, hätte vermieden werden können, wenn ihre Erfinder — anstatt dem Wahne einer »voraussetzungslosen« Forschung sich hinzugeben — ihre Voraussetzungen kritisch geprüft hätten.

Die aus dem einseitig naturwissenschaftlichen Betriebe entstandenen Unzukömmlichkeiten zwangen zu einer Umstellung. Allein in jeder solchen Gegenwirkung lauert eine eigentümliche Gefahr: das Gegen verschlingt nur allzuleicht die Wirkung. Sobald irgendeine geistige Bewegung ihren Sinn vornehmlich in der Verneinung einer anderen erblickt, verfällt sie grundsätzlich den gleichen Irrtümern, mögen diese auch nunmehr ein entgegengesetztes Vorzeichen tragen und darum auf den ersten Blick ihre wesenhafte Gleichheit mit dem Gegner nicht enthüllen. Aber eine Größe bleibt als solche sich selber gleich, auch wenn sie ihr Vorzeichen ändert. Insoferne hat HEGEL richtig gesehen: nicht die Antithesis bedeutet den Fortschritt und die »Überwindung« der Thesis, sondern erst die echte Synthesis, deren Echtheit sich darin kundgibt, daß sie nicht sozusagen ein arithmetisches Mittel zwischen den Gegensätzen — im Sinne des kompromißhaften sowohl-als-auch — sondern die eigentliche Mitte über ihnen ist. Wenn nun etwa die »Lebensphilosophie« daran geht, den »Geist« zu

entthronen und das »Leben« auf den Thron zu setzen, so verfällt sie, in der Haltung des bloßen Verneinens oder der Gegensätzlichkeit, demselben Fehler, wie jene Richtung, die im Gefolge der Aufklärung über dem Geist das Leben vergessen hatte. So bedeutet diese Lebensphilosophie keinen Fortschritt, sondern nur einen Seitenwechsel innerhalb ein und derselben Ebene.

Mit der Existentialphilosophie steht es nicht viel anders. In dem richtigen Empfinden, daß der daseiende Mensch, als einzelner dieser, in den philosophischen Systemen des XIX. Jahrhunderts, zumindest der zweiten Hälfte dieses, ungebührlich vernachlässigt worden ist, macht die Existentialphilosophie diesen Menschen, das Dasein, das nach HEIDEGGERS Formel »je meines« ist, zum Mittel- und Ausgangspunkt ihrer Spekulation.

Man läßt die moderne, neuzeitliche Philosophie gemeinhin mit DESCARTES beginnen und erblickt in ihm einen neuen Anfang. Diese Meinung gilt auch heute noch, obwohl verschiedentlich gezeigt worden ist, daß und wie das kartesianische Denken auf das engste der Scholastik verhaftet und von ihr abhängig bleibt. Wird auch zugegeben, daß der berühmte *Cogito*-Satz des DESCARTES schon von AUGUSTIN »vorweggenommen« worden sei, so übersieht man doch geflissentlich, daß er vielmehr aus AUGUSTIN herausgenommen ist, daß sich sozusagen eine ganze Genealogie dieses Satzes aufweisen läßt, eine lückenlose Reihe von Denkergeschlechtern, die von AUGUSTIN anhebend jenen Gedanken – neben vielen anderen – bis an DESCARTES weitergegeben haben. Freilich jene Darstellungen der Geschichte der Philosophie, die von dem Wirken all der Denker zwischen dem Bischof von Hippo und dem Gelehrten des XVII. Jahrhunderts nicht wissen wollen, können nie ein richtiges Bild von dem Fortgange des Geistes durch die Jahrhunderte ergeben. Die Bedeutung des DESCARTES wird durch den Nachweis, wie sehr und wie vielfach er der Vorzeit verpflichtet gewesen, in keiner Weise gemindert. Ei-

nen bedeutenden Gedanken »noch einmal gedacht « zu haben, ist immer ein Verdienst, einen Satz von tragender Wichtigkeit unter neuen geistigen Bedingungen begründet zu haben, ist immer eine unvergängliche Leistung.

Indem die Existentialphilosophie die Gewißheit des eigenen Selbst zum Ausgangspunkt nimmt, steht sie auf der von AUGUSTIN her anhebenden Linie. Ob die einzelnen Denker nun ihre Verbundenheit mit ihren geistigen Ahnen wissen oder nicht, ist ganz gleichgültig. So auch, ob sie deren Werke kennen oder nicht. Die großen Gedanken der Vorzeit sterben niemals; sie leben in allen später entworfenen Systemen fort. Aber so weitergegeben von Geschlecht zu Geschlecht vermischen sich die Gedanken mit anderen, unterliegen sie mancherlei Abwandlungen, erleiden sie oft weitgehende Verzerrungen. Nicht PLATON und nicht ARISTOTELES sind heute in der Ursprünglichkeit ihres Lehrens lebendig, sondern der Platonismus und der Aristotelismus, von denen der eine durch PLOTIN, durch AUGUSTIN, durch viele andere noch in etwa umgeprägt worden ist, der andere seine Gestalt gewandelt hat, da er durch die Geister eines AVERROËS, eines ALBERT, eines THOMAS hindurchging. Aber auch AUGUSTIN wirkt nicht so sehr selbst, als in dem Augustinismus, THOMAS nicht allein als der er war, sondern in dem Thomismus. Und »KANT heute« ist nicht der, der zu Königsberg lehrte, sondern der Vater der verschiedenen kantianischen Schulen. Auch ein »Zurück zu KANT« oder »Zurück zu THOMAS« ändert daran zunächst nichts. Sinnvollerweise kann ein solcher Ruf ja nicht die Aufforderung meinen, daß nun jene Philosopheme völlig unverändert und in ihrer Gänze einfachhin wiederholt werden sollten; er kann nur dazu mahnen, daß das Denken von heute sich an dem Geiste der großen Vorfahren neu belebe und seiner Irrtümer inne werde. Freilich wird es immer einen großen Unterschied ausmachen, zu wem zurück das Denken gerufen wird. Je einseitiger gestaltet und je mehr ungeprüften Voraussetzungen verhaftet eine Philosophie

ist, desto unfruchtbarer wird der Versuch, aus ihr neue Belebung zu gewinnen, bleiben müssen. Wirksamer Antrieb kann nur von dort her kommen, wo die Philosophie die Fülle alles Seins erschaut und zu bewältigen getrachtet hat, wo sie auch ihren Ausgang von dieser Fülle her genommen hat. Daher mag ein Zurück zu THOMAS, oder auch zu AUGUSTIN, in der Tat eine geistige Wende einleiten, schwerlich aber ein Zurück zu KANT, dessen gewaltiger Geist zu sehr von dem »Faktum der Wissenschaft« geblendet war, als daß sein Auge der unendlichen Vielfalt des Seienden hätte gewahr werden können.

Die Wissenschaft, auch die mit Tatsachen befaßte, ist abstrakt und formal. Denn ihr geht es ausschließlich um das Gesetz, als dessen »Fall« sie das konkrete Einzelne erfassen will. Welche Folgen diese Geistigkeit nach sich zieht, wenn sie sich um Ethik bemüht, ist seit der Kant-Kritik SCHELERS zulänglich klar geworden. Aber wie sie das sinnliche Handeln nur in seiner Form und nicht in seinem Gehalt in den Blick zu nehmen vermag, so entgeht ihr notwendig überhaupt alles Konkrete. Nichts aber ist offenbar konkreter als das einzelne, sich wissende Ich. Schon bei KIERKEGAARD erscheint die Betonung des »Existentiellen« als ein Ausfluß seiner Kampfstellung gegen den nachkantischen, den hegelschen Idealismus. Die Existentialphilosophie von heute ist erst recht Auflehnung gegen die Verwissenschaftlichung der Welt und die damit notwendig verbundene Entrechtung des Einzelnen, gegen seine Entwertung zu einem bloßen »Fall«.

Aber dieses »Gegen« — sei es nun bewußt oder nicht — wird der Existentialphilosophie zum Verhängnis; denn es erliegt der, wie bemerkt, alles »Gegen« bedrohenden Gefahr der Vereinseitigung. Dies wird z. B. schon darin entdeckt werden können, daß etwa HEIDEGGER bei der sonst so überaus scharfsichtigen Zergliederung der Phänomene seltsame Auslassungen unterlaufen, er Seiten des Gegebenen übersieht in einer Weise, die nur aus der Besonderheit der

vorweg eingenommenen Stellung verstanden werden kann. Für gewisse Seiten der Wirklichkeit ist diese Philosophie sonderbar blind.

Der eigentliche Ausgangspunkt dieses Philosophierens ist gar nicht der augustinisch-kartesianische *Cogito*-Satz, nicht einmal in jener Zuspitzung eines: *cogito ergo ego sum*, die die Betontheit des »je meinen« Daseins noch stärker hervorhübe, als dies bei den Früheren geschah. Der Vorrang des Ich, der sich im *cogito* entdeckt, ist zunächst einer der Gewißheit; das Ich bietet sich dem Zugriff des Suchens nach solcher Gewißheit am ersten dar. Aber weder AUGUSTIN und seine Schule noch auch DESCARTES wollten damit eine Besonderheit des Seins ausgesprochen haben. Zwar lehrt sowohl der Afrikaner als auch der Franzose eine Sonderstellung des Menschen in der Stufenfolge des Seins, soferne das *animal rationale* eben grundsätzlich und seinem Wesen zufolge von allen anderen Seienden unterschieden ist. Aber dieser Unterschied ist grundsätzlich nicht anderer Art als etwa der zwischen Unbelebtem und Belebtem. Ist auch das Sein als *esse*, als Existenz irgendwie je ein anderes nach der Stufe des Wesens, das wirkliches Dasein hat, so ist doch dies keineswegs so gemeint, daß nun etwa das »je meine Dasein« als etwas zutiefst anderes dem bloß »Vorhandenen« entgegengestellt werden könnte. Die Lehre von der Stufenfolge des Seins, eine dem Platonismus oder mehr noch dem Neuplatonismus eigene Schau, bleibt für das mittelalterliche Denken, auch innerhalb des Aristotelismus, ein tragender Gedanke. Gerade in der Verbindung dieser Auffassung mit der aristotelischen Weltauslegung gibt sich die ungeahnte Spannweite und Kraft thomistischen Philosophierens vielleicht deutlicher noch als anderswo kund. Die Stufenfolge des Seins vermöge der großen Idee der »Analogie des Seins« zu einem einheitlichen Bau gefügt zu haben, ist nicht die geringste Leistung, die der Genius des Aquinaten vollbrachte. Wenn also auch »Sein« oder »Dasein« [*esse, existere*] von den Seienden je anderer Seinsstufe

nicht *univoce* ausgesagt wird, so doch auch nicht *aequivoce*, als ob nun Dasein da und dort etwas völlig, unvergleichbar anderes bedeutete; es handelt sich vielmehr um analogische Aussagen, die nun eben bei aller Unähnlichkeit doch noch etwas von Ähnlichkeit beinhalten.

Nicht dieser augustinisch-kartesianische Satz also dient der Existentialphilosophie zum Ausgang, sondern eine Vereinseitigung und Verzerrung, die mehr eine Grundstimmung als ein Grundsatz heißen darf. Es ist ein zum Äußersten übersteigerter »Humanismus«, der hier allem Philosophieren vorausgeht, eine Haltung, der von vorneherein feststeht, daß das »je meinige Dasein« Mittelpunkt aller entdeckbaren Seins- wie Wertordnung zu sein habe. Die im Hinblick auf Erlangung von Gewißheit und Ausgangspunkt ausgezeichnete Stellung wandelt sich unversehens und ungeprüft in einen Vorrang des Seins.

Jedem Einzelnen gilt, daß es als solches »unsagbar« sei [*individuum est ineffabile*]; weil alle Aussage die Prädizierung eines Allgemeinen ist, so wird aus dieser durchgängigen Bestimmtheit [die übrigens, weil sie Bestimmtheit ist, denn doch eine gewisse Aussagbarkeit mit sich führt] des Einzelnen schlechthin eine Besonderheit des Ich, das als »je meines« Dasein aus allem anderen Sein herausgehoben und als spezifisch unsagbar, daher als »irrational«, als nur »erlebt« und nicht »gedacht« allem ansonst Vorfindlichen gegenübergestellt wird. Die Einzelheit wird mit der Selbstgewißheit verbunden und als seinshafte Ausgezeichnetheit interpretiert. Diese Transrationalität [wie man richtiger, denn Irrationalität, zu sagen hätte] wird übrigens, nur mit je anderer Akzentverteilung gleichermaßen Anhub der Existentialphilosophie wie des Positivismus; wenn für diesen die Unsagbarkeit eine Entwertung bedeutet, da das Unsagbare der »Wissenschaft«, als wesenhaft einem System von Sätzen, entzogen bleibt, so wird eben dieses für die Existentialphilosophie zu einer Wertsteigerung. Indes gewinnt man den Eindruck, daß diese Lehre sich dadurch

ihres Anspruches, denn doch Philosophie zu sein, begäbe, da sie eines »Minimums an Rationalität« nicht entraten kann, wenn anders sie Philosophie und System, also ein geordnetes Ganzes von Sätzen bleiben will.

Wie dem auch sei, ob Existentialphilosophie ihren Charakter als Philosophie zu wahren versteht zufolge eines inneren Bruches mit ihren letzten Voraussetzungen oder infolge einer schwankenden Auslegung dieser, jedenfalls hebt sie damit an, daß sie noch vor aller systematischen Klärung den eben erwähnten Vorrang »je meines Daseins«, dem Sein nach, vor allem sonstigen Sein behauptet. Von der anfänglich vielleicht noch nicht als besonders weitgehend erscheinenden Verdrehung der augustinisch-kartesianischen Setzung aus dem Sinne einer methodischen Ausgangsstellung in den einer — vorweggenommenen — Aussage über Ordnung und Rang des Seienden überhaupt — wie sehr sind hier die Eingangsworte des hier behandelten Thomas-Traktates angebracht! — führt nur ein kurzer Weg, immer mehr von der schlicht erschaubaren Tatsächlichkeit weg, zu einer Absolutsetzung, wenn schon nicht »je meines«, so doch des menschlichen Daseins überhaupt. Es entsteht eine durchaus anthropozentrische Betrachtungsweise, eine Philosophie des »Humanismus« oder, wie E. Przywara dies glücklich nannte: eine »Metaphysik der Endlichkeit«.

Folgendes ist nun der Beachtung recht wert: in der Existentialphilosophie erscheint »Dasein« eingeschränkt auf das zunächst »je meinige«, sodann auf das anderer Iche. Über dieses Dasein nun werden Aussagen gemacht, und die Grundbestimmungen, in denen diese Aussagen sich zu bewegen vermögen, heißen bei Heidegger »Existentiale«. In dem Augenblick aber, da über das »Dasein« — welches immer, sei es auch nur das »je meine«— überhaupt Aussagen möglich werden, man ihm — dem Dasein selbst und nicht einem Seienden, das da ist — bestimmte Seiten abzugewinnen für möglich hält, ist die Scheidung von *existentia* und *essentia* tatsächlich aufgehoben, aber nicht dadurch, daß

sie als unberechtigt oder als Scheinproblem aufgewiesen wäre, sondern durch den Kunstgriff, daß die *essentia* in die Existenz, das Dasein selbst hineingenommen worden ist. Es gehört zum Wesen des Daseins als Dasein, ein — um HEIDEGGERsche Formeln zu gebrauchen — »geworfenes« zu sein, sich zu »entwerfen«, in der »Sorge« zu stehen, dem »Man verfallen« zu können usf. Dem Da haftet derart eine Reihe von So-Bestimmungen an.

Damit ist nun freilich die Möglichkeit weggefallen, nach dem Verhältnis von Da und So im Sein als nach einer letzten Bestimmung zu fragen, weil eben das So in das Da hineingezogen, die *essentia* von der *existentia* verschlungen worden ist. Wenn die Gegner der realen Unterschiedenheit von *existentia* und *essentia*, wie sie bald nach THOMAS auftraten und mit den »*thomistae*« darob in heftigen Streit gerieten, die *existentia* in die *essentia* hineinverlegen wollten und jene nur die Wirklichkeit [*actus*] dieser sein ließen, so haben sie, nur von der anderen Seite her, im Grunde dasselbe unternommen wie die Existentialphilosophie. Jede Vereinseitigung aber, ob nach der einen oder der anderen Seite hin, bleibt im Grunde dasselbe. »Essentialphilosophie« etwa eines HEINRICH VON GENT und »Existentialphilosophie« eines HEIDEGGER kommen im Letzten, wenn es um Ontologie geht, miteinander überein.

Das eigentliche ontologische Problem ist in diesem Ansatz restlos verschwunden. Die Frage: wie Sosein zu Dasein »komme«, oder Dasein das Sosein »trage«, wird nicht gestellt. Für das, was in HEIDEGGERscher Ausdrucksweise allein »Dasein« heißt — je meines — ist die Frage verdeckt durch die vorgängige Setzung, es habe das Dasein darüber hinaus, daß es das Da des Seins ist, Bestimmung bei sich; für alles andere, zunächst als »zuhandenes«, dann als »vorhandenes« gefaßte Sein wird die Möglichkeit solchen Fragens nicht gesehen oder, unausdrücklich zwar, verneint. Damit aber verschwinden aus dieser Lehre vom Sein alle jene Probleme, welche den nachdenklichen Menschengeist

seit dem Anfange ontologischer Spekulation in der griechischen Antike immer wieder beschäftigt haben. Das Verschwinden aber dieser Fragen aus einem System löscht das Bedürfnis nach ihrer Beantwortung im Menschengeist nicht aus. Er empfindet eine solche Einschränkung der Fragestellung als Willkür des Systems und als Vergewaltigung seines eigenen Rechtes, wenn schon nicht endgültig Antwort zu finden, so doch unablässig immer wieder zu fragen.

Es verweigert eine Philosophie, die mit dem Anspruch auftritt, letzte Untergründe des Seins zu erhellen, eben diese Existentialphilosophie, sich mit den eigentlich ontologischen Anliegen menschlichen Denkens überhaupt zu befassen; ja sie unterläßt sogar zu tun, was zumindest hätte geleistet werden müssen, nämlich die Unberechtigtheit der von je als wesentlich empfundenen Anliegen und den Weg aufzuzeigen, auf dem jene, und sei es in einer Selbstauflösung, ihre Erledigung finden könnten.

Indem die Existentialphilosophie weiterhin, den natürlichen und den historischen Meinungen zu Trotz, nicht das Sein schlechthin und die Fragen nach den »Prinzipien«, den *ἀρχαί*, von denen oben im Zusammenhange mit dem Thomas-Text [s. Anm. 3, S. 143] die Rede war, in den Mittelpunkt rückt, sondern das »Dasein als je meines«, vollzieht sie eine ebenso gewaltsame Akzenterteilung, wie dies in anderer Weise die Lebensphilosophie tut, wenn sie »das Leben« zu dem »eigentlichen Sein« machen will. In der Tat sind diese beiden Philosophien nicht so weit voneinander entfernt, wie es zunächst den Anschein haben mag; es haben sich auch schon Denker gefunden, welche die beiden zu einem einheitlichen Ganzen verknüpfen zu können gemeint haben.

Das Problem des zwischen »Sein und Wesen« obwaltenden Verhältnisses ist kein Scheinproblem; es ist keineswegs sinnlos, eine dahin gehende Frage zu stellen. Man kann schwerlich annehmen, daß so scharfsinnige Denker, wie

jene des Hochmittelalters und auch der ihm unmittelbar folgenden Zeit es waren, so viel Mühe auf Auseinandersetzung über Nichtiges gewendet haben sollten. Eine eingehende Untersuchung der neuzeitlichen Philosopheme, auch des deutschen Idealismus, ließe unschwer erkennen, daß in der Tat, obwohl vielfach in anderer Gestalt und, manchmal in seiner philosophischen Tragweite, fast immer in seinem historischen Zusammenhange verkannt, unser Problem nicht aufgehört hat, das menschliche Denken zu bewegen und daß es sich überall dort aufdrängte, wo es dem letzten Fragen nachsinnenden Geiste um die Durchleuchtung der Grundlagen von Welt und Erkennen gegangen ist. Eine derartige Untersuchung indes, die nur auf Grund umständlicher und umfassender geistesgeschichtlicher Studien durchführbar wäre, gehört nicht in den Rahmen dieser mehr skizzenhaften Bemerkungen.

Zwei Punkte nur scheinen einiger Erwägung wert. Man muß sich fragen, welcher Geistesrichtung innerhalb der Philosophie dieses neue Denken angehört, ob es in der Tat so neu sei, oder ob es sich irgendwie als Fortsetzung und Umbildung anderweitig bekannter Philosopheme auffassen lasse. Damit verbindet sich die Frage nach der Bedeutung der Existentialphilosophie für die Geistesgeschichte. Sodann wird man, je nach der Antwort, die auf diese Fragen zu erfolgen hat, sich über den Beruf gerade der Lehren des *doctor angelicus* in unseren Tagen klar werden müssen.

Die Antwort auf die erste Frage sei vorangestellt. Sie mag zunächst unwahrscheinlich bedünken: die Existentialphilosophie ist ein Nachkomme des – Nominalismus. Diese Richtung legt sich – denn sie dauert ebenso wie jede andere, einmal zu Bedeutung gelangt, auch in der Gegenwart fort – heute in zwei gegensätzlichen Schulen auseinander, die immer eine bestimmte Seite der nominalistischen Auffassung ausdrücklich bekennen und die andere unausdrücklich meinen. Die beiden Schulen sind die Existentialphilosophie auf der einen, der Positivismus auf der anderen Seite.

Weil die erste anscheinend einen vollkommenen Gegensatz zu dem zweiten bildet, dieser aber sich selbst als Fortbildung und Vollendung des nominalistischen Ansatzes begreift, entsteht das Vorurteil, es müsse die Philosophie der Existenz notwendig auf einem völlig anderen Boden stehen, also eher der Richtung eines »platonischen« Realismus zuzuzählen sein. Man vergißt dabei, daß nicht einmal der spätmittelalterliche Nominalismus, so sehr er gegenüber den großen Systemen der Hochscholastik Abstieg und Verfall bedeutete, jener Vereinseitigung fähig war, die für die Philosopheme der neueren Zeit so ungemein kennzeichnend ist. Wie der Materialismus des XIX. und XX. Jahrhunderts vergißt, wenn er sich auf DEMOKRITOS oder LUCRETIUS CARUS und andere Denker der Antike als seine Vorfahren beruft, daß diese weit entfernt davon waren, einen platten materialistischen Monismus zu lehren, daß sie vielmehr die Seele zwar als Stoff, aber als einen Stoff eigner Art begriffen, wie die Heutigen also bei der Gleichsetzung jenes alten Materialismus mit dem ihren einen ganz wesentlichen Punkt übersehen, so vernachlässigt der Positivismus, wenn er sich etwa auf WILHELM VON OCKHAM beruft, daß die Lehre jener Männer des XIV. Jahrhunderts doch noch mehr war als nur eine von den Zeichen und den Regeln, wie sie anzuwenden. [Nebenbei bemerkt stammt der Gedanke einer »Algebra der Logik« nicht von den Nominalisten, sondern von dem schwerlich dieser Richtung zuzurechnenden ROGER BACON, der noch ganz dem XIII. Jahrhundert angehört.] Der Nominalismus, der richtiger »Terminismus« heißen sollte – nannten sich doch die Lehrer dieser Schule selbst *terministae* –, bestritt nicht nur die Wirklichkeit des Allgemeinen, das ihnen eben zu einem bloßen Wortzeichen wurde, sondern behauptete auch, daß überhaupt nur das Konkret-Einzelne Dasein habe, und leugnete – was hier besonders bedeutsam wird – das Bestehen eines realen Unterschiedes von Dasein und Wesen. An Stelle der *distinctio realis*, wie sie vielleicht schon THOMAS

gelehrt hatte [s. u. S. 133, Anm. 5] und wie sie eindeutig die Mehrzahl der Thomisten vertrat, setzten die Terministen eine bloße *distinctio rationis:* es sei zwar dem Denken möglich, an einem konkreten, einzelnen Daseienden das Dasein vom Sosein zu trennen, doch entspreche dieser begrifflichen Scheidung kein seinshafter Tatbestand. Diese Lehre mußte sich folgerichtig ergeben, sobald das Allgemeine alles Seins außer dem, das ihm als gedachtes Zeichen natürlich verblieb, entblößt wurde. [Auf andere Auswirkungen der terministischen Stellungnahme einzugehen, ist hier nicht von Nöten.] Es zeigt sich nur, daß dieser Ansatz in zwei Richtungen fortentwickelt werden kann:

Da Da- und Sosein, *existentia* und *essentia*, nur vermöge einer begrifflichen Scheidung, nicht aber im Sein selbst zweierlei sind, kann sozusagen nach Belieben der Akzent auf die eine oder die andere Seite oder Ansicht des einen Seienden verlegt werden. Sohin kann das Dasein in das Sosein hineingenommen werden: das Wirklichsein erscheint dann als eine Bestimmung neben vielen anderen, für die alle es bestimmte *termini* als Zeichen gibt. Das konkret in Vereinzelung Seiende ist ebenso mittels des Zeichens: wirklich oder daseiend in einer gewissen Hinsicht zu bezeichnen, und dieses Zeichen kann nach den Regeln der Zeichenverbindung anderen Zeichen »zugeordnet« werden: Positivismus terministischer Abkunft. Oder das Sosein wird in das Dasein hineingenommen, was ebenfalls nur gelingen kann, wenn der Unterschied der beiden als ein bloß begrifflicher hingestellt wird, und man gelangt, wie aus schon Gesagtem erhellt, zur Existentialphilosophie.

Der Satz von der *distinctio rationis*, die Leugnung des realen Unterschiedes zwischen Wesenheit und Dasein ist nur innerhalb der terministischen oder nominalistischen Gesamtauffassung möglich. Nur wenn die *distinctio rationis* behauptet wird, kann überhaupt daran gedacht werden, über das Dasein – wie immer dieses sonst ausgelegt werde – Aussagen zu machen, die mehr beinhalten als eben das Da-

sein. Nun ist gerade dieses ein Grundzug der Existenzphilosophie. Also muß sie sich zu der Lehre der *distinctio rationis* bekennen. Also steht sie auf dem Boden des Terminismus oder Nominalismus.

Die positivistische Richtung des Terminismus hat sich, lange ehe sie sich als eine eigene »philosophische« Schule bekannte – man weiß, daß die Positivisten Philosophie als den vorläufigen Stapelplatz teils ungelöster Sonderfragen der Einzelwissenschaften, teils falscher oder unmöglicher Fragen begreifen – und eine eigene Methode entwickelte, in den Wissenschaften, zumal den exakten, längst durchgesetzt gehabt. Daß diese Denkweise den Wissenschaften, die ihrer vornehmlich sich bedienten, also der Physik und ihren Verwandten, ungeheuere Dienste erwiesen hat, kann niemand verkennen. Das bedeutet, daß diese Art, sich der Welt denkend zu bemächtigen, für einen bestimmten und umschriebenen Ausschnitt aus dem Ganzen des Seienden zulässig und brauchbar ist. Es besagt aber nicht, daß alle Seiten des Seienden in der gleichen Weise erfaßt werden können. Den Positivismus als »Philosophie«, sei es auch als eine, die alle sonstige Philosophie überflüssig zu machen und »aufzulösen« berufen sein soll, anzusehen, beweist aber eine erschreckende Blindheit für die Vielgestaltigkeit des Seins.

Ebensowenig kann eine Einengung der Philosophie, selbst wenn damit nur ein Ausgangspunkt gewonnen werden soll, auf das »Dasein« irgendeine Lehre von Seiendem überhaupt, vom »Sein des Seienden« je begründen. Auch auf diese Weise geschieht eine unerhörte und ganz willkürliche Ausschaltung von schlicht Gegebenem, wird nur ein Ausschnitt in den Blick genommen, dessen Abgrenzung zu rechtfertigen nicht einmal versucht werden kann.

Die Gefahr, die dem Denken von der Existenzphilosophie her droht, ist – mit verändertem Vorzeichen – ganz die, der es zu seinem Schaden durch die unberechtigte Wertschätzung und Verallgemeinerung der naturwissenschaft-

lichen Begriffswelt im XIX. Jahrhundert erlegen ist. Denn, um es noch einmal zu unterstreichen, es ist die Existenzphilosophie im Grunde gleichen Geistes Kind, durchaus keine »Überwindung«, sondern nur eine Maske. Es braucht, wie gegen die Wirklichkeitsstumpfheit des Positivismus, so gegen die Überempfindlichkeit für das menschliche Einzelsein der Existenzphilosophie, einer Abhilfe, eines »*Correctivs*«, wie KIERKEGAARD sagte.

Sucht man nach einem Wege, der den Gefahren des nominalistischen Ansatzes zu entgehen gestatten möchte, so ist dieser weder vermöge einer »Kompromißformel« zu finden, in der die Fehler sich nicht aufheben, sondern wechselseitig verstärken müßten [das ist je und immer das Schicksal aller Kompromisse, auf welchem Gebiet immer gewesen], noch dadurch, daß man sich dem völligen »Gegenteil« des Nominalismus, dem »extremen Realismus« verschriebe. Denn auch dieser ist, weil er nur eine Seite des Weltverständnisses, und zwar dieselbe wie der Nominalismus ins Auge faßt, ungeeignet, zu wahrer Seinserkenntnis zu führen. Nur eine Stellung echter Synthesis, die, wie gesagt, nicht eine »zwischen«, sondern eine »über« sein muß, kann hier Überwindung und Förderung versprechen. Eine solche Lösung bietet sich offenbar in der Philosophie des THOMAS an. Man wende nicht ein, daß solche Lehre, die mit der Unerschütterlichkeit und Wahrheit der Offenbarung als einer Selbstverständlichkeit rechnet, dem »modernen« Geiste unmöglich zusagen könne und auch nicht geeignet sei, der geistigen Lage von heute gerecht zu werden, da sie einem so ganz anderen Weltbilde entspringe.

Gewiß setzt THOMAS und mit ihm die ganze mittelalterliche Spekulation voraus, daß die Lehren der Kirche und die Sätze des Glaubens anerkannt seien. Apologetik zu betreiben, war nur den »Heiden« gegenüber erforderlich. Daß aber ein solches Unternehmen möglich sei und daß man es wagen könne, mit den Mitteln der Vernunft das System katholischer Philosophie einsichtig zu machen, hat

THOMAS selbst in seiner *Summa contra gentes* überzeugend dargetan. Dieses Werk beweist zugleich, daß auch das Mittelalter imstande war, »voraussetzungslose« Philosophie zu betreiben, zumindest, daß die Denker dieser Jahrhunderte nicht mehr Voraussetzungen machten, und nicht unbewiesenere, als die der aufgeklärtesten und modernsten Zeiten auch. Auch ein THOMAS vermochte es sehr wohl, von sorgfältiger Zergliederung der alltäglichen Erfahrung begegnenden Tatsachen und Begriffe zu einem System, einer geschlossenen Philosophie aufzusteigen.

Liest man die Seiten der hier vorgelegten Abhandlung des Aquinaten mit einiger Aufmerksamkeit durch, so wird man unschwer den Eindruck gewinnen, daß sich darin ein Zugang zu den Fragen nach dem Sein eröffnet, der — wenn anders es möglich ist, ihn weiter zu verfolgen — die Aussicht auf eine umfassende, tiefgehende und befriedigende Lehre vom Sein verspricht. Die Schrift ist, wie bemerkt, ihrem Sinne nach Einführung; mehr kann und will sie gar nicht sein. Aber sie führt in ein Reich, das an Hand dieses Führers eingehender zu durchforschen wohl verlockend erscheinen möchte. Wirft man, wie es auf den vorhergehenden Seiten in flüchtigster Weise versucht wurde, einen Blick auf den Widerstreit der Meinungen von heute, vergegenwärtigt man sich die Fragen, um die es letztlich geht, so werden die Gedanken des »Fürsten der Scholastik« sich als unerwartet »zeitgemäß« herausstellen. Freilich, ohne einige Mühe daran zu wenden, kann man nicht einmal den Gehalt dieser Einführung sich zu eigen machen. Man macht den Scholastikern oft den Vorwurf, ihre Schriften seien trocken, schwerfällig, nüchtern, ferne der lebendigen Wirklichkeit. So sehr hat man sich gewöhnt, dieses Urteil für zutreffend zu erachten, daß »scholastisch« zu einer gebräuchlichen Form absprechender Bewertung geworden ist. Gewiß ist manches trocken und manches schwerfällig; aber diese Züge sind nicht Ausdruck eines Ferneseins von Wirklichem, von dem, was jeden Menschen zutiefst be-

wegen und — beunruhigen muß, sondern die Folge eines vorsichtig, kritisch, schrittweise vortastenden Denkens, einer demütigen Ehrfurcht den gegebenen Wirklichkeiten gegenüber, deren keine vergessen und keine vergewaltigt werden soll, einer Achtung vor der Würde der Wahrheit und des Seins, die man in späteren Zeiten nicht gar selten vermißt hat. Diese Schwerfälligkeit gewährleistet den unbeirrbaren Fortgang des Gedankens, die sorgfältige Prüfung der möglichen Einwände, die Sicherung der gewonnenen Schlußfolgerungen. Und hinter der berüchtigten Trockenheit und Nüchternheit der Darstellungen lehrhafter, systematischer Absicht lebt eine ungewöhnliche Leidenschaft, ein Drang nach Wahrheit, eine Liebe zu Gott und zu den Menschen, derengleichen sobald nicht wieder zu finden sein mag. Derselbe THOMAS, der in seinen Quästionen und Summen so nüchtern-sachlich Beweisgrund an Beweisgrund reiht, der die widerstreitenden Meinungen gegeneinander abwägt und mit zögernder Bedächtigkeit seine Schlußfolgerungen gewinnt, derselbe THOMAS ist der Dichter von Hymnen zum Preise der Eucharistie, jener, die da anheben: *Adoro te devote*, *Pange lingua*, und: *Lauda Sion*, und der Mann, der die Liturgie des Fronleichnamfestes verfaßt hat. THOMAS lebt, wie all die großen Geister wahrhaft katholischer Gesinnung, die ungeheuere Spannung zwischen der Nüchternheit dort, wo es gilt, nüchtern zu sein gemäß der Mahnung der beiden Apostelfürsten: *Sobrii estote!*, und der leidenschaftlichen Gottesliebe der begnadeten Heiligen. Ferne von aller Vielgeschäftigkeit war THOMAS in nahezu unfaßbarer Weise tätig; dem innerlichen Leben hingegeben, war er zugleich zugänglich, aufgeschlossen, aufnahmebereit für alle Werte. Er wußte — und so gar mancher andere — jenes wunderbare Gleichmaß zu bewahren inmitten und über allen Gegensätzen, das den Menschen von heute so sehr verloren gegangen scheint. Nicht nur das Denken dieser unserer Tage, auch unser Leben könnte nur gewinnen, wenn

uns die Augen aufgingen für den tiefen Gehalt und unvergänglichen Wert jener Lehren, an deren Ausgestaltung die größten und ehrwürdigsten unserer Altvorderen Mühe und Leben gewandt haben. Die Meister der Schule wären wohl die richtigen Schulmeister für uns, daß wir von ihnen Gesammeltheit und Klarheit, Ernst und Ehrlichkeit des Denkens erlernten.

Die Sendung großer Geister erschöpft sich nicht in ihrer unmittelbaren und mittelbaren Wirkung auf Schüler und Nachfolger, auch nicht in den Spuren, die sie in der Geschichte des Geistes hinterlassen: sie ist zeitlos wie die Wahrheit, von der sie Zeugnis geben. Daran vielleicht ermißt sich die Größe eines Lehrers, daß seine Worte niemals so ganz zeitgemäß und daß sie es zugleich immer sind. Wie für das Jahrhundert, dem THOMAS angehörte, wie für die Schule, die ihm folgt, so ist dieser Mann auch für uns heute noch — oder kann es sein — der *doctor communis*.

ANMERKUNGEN

1] Wie L. BAUR anmerkt, bezieht sich THOMAS auf den Text der Übersetzung aus dem Arabischen. Gemeint ist *De caelo et mundo* I. 1, 271 b, 8–13.

2] ROLAND-GOSSELIN, Le *De ente et essentia* de S. Thomas d'Aquin. Texte établi d'après les manuscrits parisiens. Introduction, notes et études historiques, Le Saulchoir-Kain [Belgique] 1926, S. 1, weist nach, daß THOMAS sich der Avicenna-Übersetzung des Dominicus GUNDISSALINUS oder Gundissalvi bediente. Dieser, Archidiakon zu Segovia, gehört dem XII. Jahrhundert an. Er übersetzte auf Wunsch des Toledaner Erzbischofs Raimundus gemeinsam mit den jüdischen Gelehrten JOHANNES AVENDEATH [ibn Daud] oder JOHANNES HISPANUS [auch Hispalensis genannt] und Salomon die Metaphysik des AVICENNA, sowie andere Schriften in die kastilische und aus dieser in die lateinische Sprache. AVICENNA [Abû 'Ali al Hosain ibn 'Abdallah ibn Sinâ], um 980 in der Provinz Bochara geboren, 1037 zu Hamadân gestorben, war einer der größten Denker des arabischen Kulturkreises in der an solchen nicht armen Zeit des X. und XI. Jahrhunderts. Das Mittelalter ehrte ihn als den »dritten Aristoteles« und als »Fürsten – ra'is – unter den Philosophen«. Sein Hauptwerk ist eine große philosophische Enzyklopädie in vier Hauptabschnitten [Logik, Physik, Mathematik und Metaphysik] und führt den Titel: Buch der Genesung. Die Metaphysik ist von HORTEN [Halle a. S. 1906–1909] in deutscher Übersetzung herausgegeben worden. AVICENNA vollzieht in der arabischen Philosophie die entscheidende Wendung zum Aristotelismus, indem er diesen an Stelle der vielfach neuplatonisch gefärbten Auffassung seiner Vorgänger treten läßt. Aber er verbindet zugleich mit den aristotelischen manche Gedanken anderer Herkunft; er kann daher keineswegs als ein bloßer Aristoteliker angesehen werden, noch darf man ihm Eigenart des Denkens absprechen. Auch seine zweifellose Abhängigkeit von AL-FARABÎ [† 950; vgl. M. HORTEN, Das Buch der Ringsteine Farabis, Beitr. z. Gesch. d. Phil. d. M.A. Bd. V, Münster 1906], dem »zweiten Lehrer« hebt seine Bedeutung nicht auf. Die von THOMAS benutzte Übersetzung wurde mehrfach, so zu Venedig 1508, gedruckt. Der Text aber gibt [vgl. HORTEN, in Überweg-Heinze II [12] S. 310] die eigentliche Meinung des AVICENNA in teilweise recht entstellter Gestalt wieder; indes so, wie er war, hat ihn THOMAS benutzt und verstanden. – Die angezogene Stelle: Met. I. c. 6. ed. Venet. 1508. Fol. 72 r: »Wir sagen also, daß Sein und Ding und Notwendigsein derart sind, daß sie sich sofort beim ersten Eindruck der Seele einprägen.« Daß der Begriff des Seins oder des Seienden der erste sei, dessen das menschliche

Denken inne werde, ist späterhin allgemeine Überzeugung. Dieses »der-erste-sein« scheint dabei ebensowohl in logischem Sinne als auch in psychologischem, man könnte sagen: entwicklungspsychologischem, verstanden worden zu sein. Im ersten: Seiendes ist der Begriff, der allen anderen »vorangeht«; im zweiten: derjenige, der tatsächlich als erster im Geiste gebildet wird, wenn der Mensch denkend die gegenständliche Welt bewältigen will. Auch die neueste Entwicklungspsychologie hat festgestellt, daß dieser allgemeinste Begriff des Seins in der Tat jener ist, der vom Kleinkind zu allererst gebildet wird [vgl. K. Bühler, Die geistige Entwicklung des Kindes[5], Jena 1929]. Die Meinung aber, daß neben dem Begriff von Sein schlechthin auch der des »Wesens« ein erster sei, wird nicht in gleicher Allgemeinheit vertreten. Untersuchungen empirischer Art, die ausdrücklich auf das Auftreten einer Unterscheidung von Sein schlechthin, Dasein und Sosein abzielten, scheinen nicht vorzuliegen.

3] Roland-Gosselin läßt hiermit die Vorbemerkung enden. Der folgende Absatz ist bei ihm der erste des 1. Kapitels. Diese Trennung erscheint sinngemäß, weil die folgenden Zeilen schon das Thema der ersten Untersuchung angeben. Denn aus der Vorbemerkung erhellt die Gliederung der Abhandlung. Es soll 1. der Sinn der Begriffe Sein [*esse*] und Wesen [*essentia*] geklärt werden; 2. untersucht werden, welche Merkmale diesen beiden innerhalb der verschiedenen Arten von wirklich Seiendem zukommen; 3. auf Grund dieser Feststellung entwickelt werden, welches nun das Verhältnis von Sein und Wesen zu den Begriffen der Logik, die im Text genannt werden, sei. Der Gedankengang des Aquinaten folgt ziemlich genau, wie Roland-Gosselin trefflich herausgearbeitet hat, dem des VII. Buches der Aristotelischen Metaphysik; inhaltlich aber bedeutet schon dieses Frühwerk des Thomas ein beachtliches Hinausgehen über Aristoteles.

4] Man muß sich klar darüber sein, daß man mit der vorliegenden Schrift des Aquinaten eigentlich erst am Anfang der einschlägigen ontologischen Untersuchung sei. Es ist daher recht wohl verständlich, wenn die Ausdrucksweise noch jene Schärfe vermissen läßt, welche die späteren Denker so sorgfältig gepflegt haben, obwohl man der Begriffsbildung des heiligen Thomas schwerlich Ungenauigkeit wird nachsagen dürfen. Insbesondere ist zu seiner Zeit der Ausdruck: *existentia* noch ziemlich ungebräuchlich. Daher wird *esse*, Sein, und *ens*, Seiendes, sowohl in einem allgemeinen als auch in einem engeren Sinne gebraucht, nämlich einmal in der Bedeutung von Sein schlecht-

hin, sodann in der von Dasein. Wenn es nun heißt, das Seiende als das Zusammengesetzte müsse den Ausgangspunkt abgeben, von dem zum Wesen als dem Einfacheren aufgestiegen werden könne, so hat »Seiendes« hier offensichtlich die Bedeutung von »Daseiendem«, Existierendem. Daß dieses ein Zusammengesetztes, *compositum*, sei, wird als eine selbstverständliche oder zumindest eine unbestreitbare Ansicht vorausgesetzt. Es fragt sich, in welcher Rücksicht dieses »Seiende« zusammengesetzt heißen solle. Wie aus den weiteren Darlegungen erhellt, sind zwei »Arten« von Zusammensetzung gemeint: erstens die aus Stoff und Form [bzw. bei den stofflosen Geistern aus Potenz und Akt. s. u. Anm. 1, S. 133], zweitens aber auch die aus *esse* und *essentia*.

I

1] Met. v. 7. 1017. a 22—35. In der Übersetzung von E. ROLFES [2. Aufl. 1920, Bd. 1, S. 97] lautet die Stelle: »An sich sein [nämlich im Gegensatz zu mitfolgendem oder Sein *per accidens*] aber sagt man von alledem, was durch die Formen der Kategorie bezeichnet wird« [das sind eben die zehn Aussageweisen]. »Denn diese Formen bezeichnen in so vielfacher Weise, als sie ausgesagt werden, das Sein« . . . »Ferner bedeutet das Sein und das Ist auch dies, daß etwas wahr ist, und das Nichtsein, daß etwas nicht wahr ist, sondern falsch ist.«

2] Wir übersetzen *privatio* mit Beraubung; es wird dadurch ganz gut der Sinn getroffen, zumal viele Autoren wörtlich diesen Ausdruck haben: *spoliatio* [z. B. oft bei GULIELMUS PARISIENSIS, WILHELM VON AUVERGNE, † 1249]. Auch THOMAS gebraucht gelegentlich *spoliatio*, wie auch *remotio*, Entfernung, sowie *defectus*, Mangel. Welches der Unterschied sei zwischen Verneinung, die sich stets auf eine Aussage bezieht, und Beraubung, die eine Beschaffenheit eines Seienden meint, wird durch das im Text gegebene Beispiel am besten erläutert.

3] Sowie das lateinische *essentia* mit *esse* zusammenhängt, so das deutsche »Wesen« mit einer Stammform von »Sein« [ge-wesen]. Die Berufung auf die Sprache ist also im Deutschen ebenso stichhaltig wie im Lateinischen. Auch im Griechischen gibt es die entsprechenden Ausdrücke: *οὐσία* und *εἶναι*.

4] Nämlich zu der angeführten Stelle aus der Metaphysik des ARISTOTELES. AVERROËS, Met. v. comm. 14. ed. Venet. VIII. f. 55 v bis 56. »Man muß überhaupt wissen, daß der Name »Seiendes«, welcher das Wesen [*essentia*] einer Sache bezeichnet, etwas anderes ist als jenes Seiende, das das Wahre bezeichnet.«

5] Die zehn Aussagearten, Kategorien bei ARISTOTELES, *praedicamenta* der mittelalterlichen Logik, sind: Substanz, Quantität,

Qualität, Relation, Ort, Zeit, Lage, Haben, Tun, Leiden [Top. I. 9. 103 b; Categ. 4. 1. b].

6] Wenn das Wesen sich nach den »zehn Prädikamenten« abwandelt oder in Verbindung mit ihnen je eine anders abgeschattete Bedeutung annimmt, so folgt, daß »Wesen« auch den Aussagearten und nicht nur den Substanzen [selbständig Seienden], von denen etwas in einer dieser Arten ausgesagt werden kann, zukommen muß. Die »Naturen«, auf Grund derer die Einordnung eines Seienden in eine Art oder Gattung erfolgt, sind ja nicht dieses Seiende selbst, sondern etwas an ihm. Die Menschhaftigkeit »ist« nicht der Mensch, sondern dieser »hat« sie. Wesen [*essentia*] erlangt so von vorneherein einen anderen und weiteren Sinn als jenes Wort *οὐσία* des ARISTOTELES, als dessen Übersetzung THOMAS *essentia* hinstellt.

7] Washeit ist wiederum die wörtliche Übersetzung von *quidditas*. Der Ausdruck bei ARISTOTELES lautet *τὸ τι ἦν εἶναι*, was THOMAS wörtlich mit: »was etwas für ein Sein war« gemäß den ihm vorliegenden Texten [s. Anm. 2, S. 117] übersetzt. Die Mitvergangenheit *ἦν*, *erat*, war, bezeichnet aber nicht ein Vergangenes, sondern ein von je und noch Bestehendes. Vgl. z. B. ARISTOTELES, De an. III. 6. 430 b. 28. THOMAS hat an dieser wörtlichen Übersetzung auch später festgehalten, da er in seinem Kommentar zu eben dieser ARISTOTELES-Stelle sagt: *quod aliquid erat esse* und dies erläutert als *quid est res*, also als das, was ein Ding ist. Ebenso zu Met. VII. 2. 1028 b. 34, Comment. VII. lect. II: *quod quid erat esse id est quidditas et essentia rei*. Es ist indes zu beachten, daß die aristotelische Formel nicht genau das meint, was die Scholastik unter *quidditas* verstand. Dem ARISTOTELES nach bezieht sich das *quod quid erat* auf die Form allein, während für den Aquinaten u. a. die Quiddität oder Washeit dem Seienden als Ganzen, also dem *compositum*, dem aus Stoff und Form Zusammengesetzten zukommt. *Τὸ τι ἦν εἶναι* kann auch einem bloßen Gedankending [z. B. einem Polynom, einem »idealen Gegenstand«] zugeschrieben werden; aber ein solches hat keine *quidditas* im engeren Sinne, weil es kein Seiendes, weder *actu* noch *potentia* ist. Nur soferne man nicht das Gedankending, sondern das Denken des Dinges, den Gedanken daran, ins Auge faßt, d. h. eine psychische Wirklichkeit, einen tatsächlichen Vorgang oder ein reales Vorkommnis in der Seele des denkenden Menschen, kann von *quidditas* sinnvoller Weise gesprochen werden [vgl. Anm. 4, S. 124 und das weiter unten über die Akzidentien und deren Wesen Ausgeführte S. 153, Anm. 4]. Aber das Denken des Dinges und das Ding als gedachtes sind einsichtigerweise je etwas völlig anderes.

8] Über den Begriff der »Form« und seine Beziehung zum »Wesen« sowie über die Verflechtungen der Existenz-Essenz-Problematik mit der von Stoff-Form vgl. Anm. 19, S. 132.

9] AVICENNA [III. 5. f. 80v und I. 6. f. 72v]: »Jeder Zahl kommt eine eigene Bestimmtheit und eine eigene Form zu, welche von ihr [der Zahl] in der Seele erfaßt wird [*concipitur*], und diese Bestimmtheit ist ihre [der Zahl] Einheit, wodurch sie das ist, was sie ist.«

10] Der volle Titel lautet: *De persona et duabus naturis in Christo contra Eutychen et Nestorium*; die Stelle steht im 1. cap. [P. L. Bd. 64, Col. 1341]. ANICIUS MANLIUS TORQUATUS SEVERINUS BOËTHIUS [480—527] war einer der frühen Aristoteles-Kommentatoren. Seine berühmteste, im Mittelalter und auch später viel gelesene Schrift, über die Tröstungen der Philosophie, schrieb er im Kerker, da er des Verrates an Byzanz angeklagt war. Er wurde ohne eigentliches Gerichtsverfahren verurteilt und getötet. Während man früher daran zweifelte, ob BOËTHIUS Christ gewesen sei, ist die Echtheit seiner theologischen Schriften, an die das Mittelalter immer geglaubt hatte, und daher sein Christentum sicher bewiesen [vgl. ÜBERWEG-HEINZE II[11], S. 135]. An der angezogenen Stelle lautet die vom Aquinaten gemeinte Definition: *Natura est earum rerum, quae, cum sint, quomodo capi possunt.*

11] Met. V. 4. 1015a 12: »Die erste und die eigentlich so genannte Natur ist die Substanz« [Übers. v. ROLFES, Bd. 1, S. 92]. Diese Stelle hat schon die älteren Kommentatoren und so auch THOMAS zu längeren Ausführungen veranlaßt. So hat ALEXANDER VON APHRODISIAS [Ende des 2. nachchristl. Jahrhunderts] oder, falls dieser Teil des Metaphysikkommentars nicht von ihm herrührt, — vgl. ÜBERWEG-HEINZE I[12], S. 564 — MICHAEL VON EPHESOS [im 1. Jahrhundert] diese »Natur« als substantiale, d. h. prägende Form [s.u. S. 126, Anm. 13] aufgefaßt, als Form der stofflichen Dinge [ἔνυλον εἶδος]. Die Kommentatoren konnten sich dabei auf ARISTOTELES selbst berufen [vgl. Phys. II. 1, 193b. 6: Die Form ist in vorzüglicherem Sinne Natur als der Stoff]. Auch bei THOMAS heißt es im Met. Comm. V, lect. IV [ed. Vives Bd. 24, S. 526]: »Wir verwenden Bezeichnungen gemäß dem, wie wir begreifen, denn die Bezeichnungen sind Zeichen für die Begriffe. Wir begreifen aber zuweilen das Frühere aus dem Späteren. Daher geben wir manchem zunächst eine Bezeichnung, während ihm deren Sachverhalt nur in zweiter Linie zukommt. Und so steht es mit diesem Satze [nämlich eben dem des ARISTOTELES, den THOMAS anscheinend in *de ente et de essentia* noch ohne Bedenken wörtlich übernimmt]. Weil nämlich die Formen und

Kräfte der Dinge aus den Wirkungen erkannt werden, so wird zunächst eben diese Erzeugung oder Hervorbringung als: Natur benannt, und erst in weiterem auch die Form. Aber nach der Ordnung der Dinge gebührt zuvörderst der Form die Bezeichnung als Natur, weil, wie gesagt, von nichts ausgesagt werden kann, es habe eine Natur, außer insoferne es eine Form hat.« Übrigens sei bemerkt, daß dem Metaphysikkommentar nicht mehr die alte, aus dem Arabischen genommene Aristoteles-Übersetzung zugrunde liegt, sondern eine neue, die der heilige Thomas durch seinen Ordensbruder Wilhelm von Moerbaeke hatte anfertigen lassen.

12] Weil die Definition auf die Frage antwortet: Was ist das?

13] Hier kommt eine ganz bestimmte, schon in der Antike mehrfach vertretene, der christlichen Philosophie aber in besonderem Maße eigentümliche Ansicht zu Worte. Das Einfache gilt als ranghöher, gehört einer höheren Seinsart oder Seinsschichte an als das Zusammengesetzte. Man beachte, daß diese Auffassung je nach der Gesamtweltanschauung, in der sie aufgenommen wird, sich in zwei völlig entgegengesetzten Richtungen ausgestalten kann: Das Einfache ist einmal der »reine Geist«, das andere Mal das »unteilbare« — *ἄτομον* — materielle Teilchen. In der Vorstellung, daß die einfachen Substanzen Ursache der zusammengesetzten seien, liegen übrigens zwei, einander nicht gleichwertige, obzwar innerlich verwandte Ansätze verborgen. Dieses Ursachesein kann nämlich entweder meinen: das Zusammengesetzte »besteht« letztlich aus Einfachem, und dieses ist sohin dessen »Stoffursache« [*causa materialis*], oder: das Einfache, als von höherem Seinsrang, ist zufolge der hierarchischen Ordnung alles Seienden die Wirkursache für alles niedere, also in Sonderheit das zusammengesetzte Sein. Die Beifügung der Bemerkung über Gott als die erste Ursache weist auf den zweitgenannten Sinn. Die Rede, daß die einfacheren Substanzen auf eine vorzüglichere Weise Wesen hätten, ist nicht ohne weiteres zu verdeutlichen. Es fragt sich, ob die Grade der Vorzüglichkeit sich tatsächlich auf die Weisen des Habens bezögen oder aber auf das Wesen selbst, d. h. ob gemeint sei, daß es im Sosein, auch losgelöst vom Dasein, Rangunterschiede gebe. Mit Rücksicht auf eine spätere Stelle [S. 53] scheint diese zweite Deutung die Meinung richtiger zu treffen. — Die Unterscheidung von materiellen und immateriellen Seienden, die der christlichen Philosophie mit Rücksicht auf die Glaubenssätze über Gott und die Engelwelt sehr wichtig sein mußte, ist aber auch der antiken Philosophie und zumal dem »Philosophen« durchaus nicht fremd. Auch Platon hatte in seiner Ideenlehre die Existenz immateriel-

ler Seiender gelehrt. ARISTOTELES wendet sich bekanntlich kritisch gegen diese Lehre; aber ihre Ablehnung verführt seinen Scharfsinn nicht etwa dazu, das ganze Problem zu verkennen. Auch für den Stagiriten sind die immateriellen Substanzen einfach und ewig. Seine Meinung geht, obzwar erheblich abgewandelt, in die Metaphysik der Neuplatoniker ein, welche zwar die »Intelligenzen« und ein höchstes Seiendes geistiger Natur kennen, zugleich aber auch in dieser Geisteswelt Stoff [natürlich nicht im Sinne von »irdischem Körper«] und Form kennen. In mancher Beziehung gleicht die kritische Auseinandersetzung des Aquinaten mit den »Platonikern« [s. u. S. 133 u. Anm. 3] jener des ARISTOTELES mit der Ideenlehre.

II

1] Siehe Nachwort S. 73.
2] Zu den christlichen Philosophen, welche um die Zeit der Abfassung unseres Traktates oder kurz zuvor, die unten [Anm. 4, S. 153] gekennzeichnete »platonische« Lehre von dem Vorhandensein eines »intelligiblen« Stoffes in den Geistern oder Intelligenzen vertraten, zählt auch, wie ROLAND-GOSSELIN [a. a. O. S. 6] anmerkt, ROGER BACON, der *doctor mirabilis*. [Vgl. auch D. E. SHARP, Franciscan Philosophy at Oxford in the XIIIth Century, London 1930; bes. S. 157.] BACON lehrte 1247—1250 in Paris an der Artistenfakultät; er hatte diese Stadt mutmaßlich verlassen, als THOMAS dorthin kam. Eine unmittelbare Berührung kann schwerlich stattgefunden haben. Es läßt sich aber auch nirgends nachweisen, daß THOMAS eine Kenntnis der BACONschen Lehren gehabt habe. Jedenfalls beweisen die von R.-G. zitierten Stellen [aus einem MS. der Stadtbibliothek von Amiens], wie der gelehrte Autor hervorhebt, daß die in *de ente et de essentia* behandelten Probleme schon einige Jahre zuvor das Interesse der Theologen und der Philosophen erweckt hatten.
3] Es gehört zu den Eigentümlichkeiten des wissenschaftlichen Stiles im Mittelalter, daß gegnerische Meinungen zumeist ohne Nennung eines Namens, nur als solche »gewisser Leute« oder »einiger« angeführt werden. Oft ist es schwer oder sogar unmöglich, festzustellen, gegen welche Autoren sich eine solche Bemerkung richtet. Auch hier liegt solch ein Fall vor. Eine eigentliche monographische Behandlung der verschiedenen Lehren über das Wesen steht noch aus. Man könnte u. a. an gewisse Meinungen des HUGO VON ST. VICTOR [1096—1141] denken, die dieser große Philosoph und Theologe über die menschliche Person entwickelt hat; das Person-sein gehört sicherlich zum Wesen des Menschen, wird aber von HUGO ausschließlich in die

Seele verlegt, die indes die prägende Form ist [De sacr. christ. fid. II l. c. 11. P. L. 176, 409]. Auch könnte man an den, zeitlich näherstehenden, ALEXANDER VON HALES [1170 oder 1180—1245] denken. Aber dieser stand, wie auch zum Teil die spätere Franziskanerschule, ziemlich unter dem Einflusse des »AVICEBROL« [s. WITTMANN a. a. O.], der ja, wie wir hörten, durch seine dem Aquinaten unannehmbar bedünkenden Lehren diesen wiederholt zu Abwehr und Klarstellung veranlaßte. Ferner kommen von AVERROËS beeinflußte Denker in Frage, da der heilige THOMAS in seinem Kommentar zur Metaphysik [VII. lect. 9; ed. Vives Bd. 25, S. 3] vermerkt, daß dies die Meinung des AVERROËS und gewisser seiner Nachfolger sei, aber den Absichten des ARISTOTELES zuwiderlaufe. In der Tat finden sich bei dem arabischen Kommentator Stellen, die durchaus die hier abgelehnte Ansicht vertreten [Met. VII. com. 21, ed. Venet. f. 81 v. 30; com. 34; ibid. f. 86 v. b 52]. Es scheint auch, daß die lateinischen Averroisten [unter denen zur Zeit des THOMAS jener SIGER VON BRABANT der bedeutendste war, der in erster Linie durch die Verurteilung von 219 Lehrsätzen am 7. März 1277 getroffen wurde] dieser Lehre beipflichteten. Vgl. P. MANDONNET, Siger de Brabant et l'Averroïsme latin du XIIIe siècle². Louvain 1911.

4] Die mathematischen Gegenstände haben keine »Existenz«, sie sind bloße Gedankendinge; nur das Denken dieser Dinge ist wirklich, nicht aber sind sie selbst es. Da sie keine »Dinge«, keine *res* sind und sohin keine »Realität« besitzen, kommt die Frage nach Stoff und Form hier gar nicht in Betracht. Trüge aber die Definition dort, wo das der Fall ist, dem nicht Rechnung, so könnte man aus ihr nicht entnehmen, ob es sich um wirkliche oder um bloße Gedankendinge handle. Die Geschichte der Philosophie kennt verschiedentliche Versuche, den »idealen Gegenständen« reales Dasein beizulegen. Es sei an die Ideenlehre des PLATON und den frühmittelalterlichen Begriffsrealismus erinnert. In anderer Wendung, aber doch solchen Richtungen nahestehend, neuerdings N. HARTMANN [Zur Grundlegung der Ontologie, Berlin 1935, zumal S. 242 ff.].

5] Der Stoff für sich genommen ist [s. S. 126, Anm. 13] »reine Möglichkeit«, noch zu keinem bestimmten Seienden gestaltet. Durch das »Hinzutreten« der Form erst wird ein Wirkliches. Soferne nun der Stoff die Möglichkeit dieses oder jenes Wirklichen ist, heißt die Form, die dieses in das Sein treten läßt, die »Verwirklichung« des Stoffes.

6] In Cat. I. de subst. P. L. 64, 184. Indes lautet die Stelle nicht ganz so, wie sie hier und von manchen anderen Scholastikern zitiert wird.

7] *De duabus naturis* c. 3. P. L. 65, 1344. Das Verhältnis des griechischen Ausdruckes zu dem lateinischen *essentia* zu klären, muß man bis auf CICERO, SENECA und QUINTILIAN zurückgehen. Insbesondere bei SENECA finden sich aufschlußreiche Bemerkungen darüber, wie die Beschäftigung mit der griechischen Seinslehre das lateinische Denken zu gewissen sprachlichen Neuprägungen veranlaßte, derentwegen SENECA sich glaubt entschuldigen zu müssen; dazu gehört auch das Wort: *essentia*.

8] Met. v. 5, ed. Venet. 1508, F. 90.

9] Met. VII. c. 7, comm. 27, Venet. v, VIII, f. 214 v.; vgl. des heiligen THOMAS Kommentar zur Met. v. 1. 6, ed. Vives Bd. 24, S. 531 ff.

10] Wollte man dieses, den zur Zeit des Aquinaten herrschenden Vorstellungen entsprungene Beispiel in modernen Ausdrücken wiedergeben, so ließe sich etwa sagen: der Geschmack der Süße kommt durch eine bestimmte chemische Zusammensetzung des Stoffes und seine Einwirkung, in gelöstem Zustande, auf die Schmeckzellen zustande; trotzdem nennen wir einen Körper nicht süß, weil ihm eine bestimmte chemische Zusammensetzung entspricht, sondern auf Grund des Geschmackseindruckes, der auf die beschriebene Weise zustandekommt. — An einer Stelle seines Sentenzenkommentars [bekanntlich mußte jeder, der sich der »Hochschullaufbahn« widmen wollte, über das Werk des *magister sententiarum* PETRUS LOMBARDUS, † ca. 1160, lesen, und wir besitzen zahlreiche Kommentare darüber, so z. B. auch von dem franziskanischen Freunde des Aquinaten, dem heiligen BONAVENTURA, deren Abfassung, wie ROLAND-GOSSELIN, a. a. O. S. XXVII, nachwies, in die gleiche Zeit wie die des Traktates *de ente* fiel] bedient sich THOMAS ebenfalls des Beispieles vom Warmen und Feuchten und erklärt [I. d. 22, q. 1, a. 1]: Das Sein folge aus der Zusammensetzung von Stoff und Form. Die Benennung eines Seienden aber erfolge, wiewohl die Form der Urgrund [*principium*] sei, nicht von dieser her, sondern vom Ganzen. Daher sei nicht die Form allein durch »Wesen« bezeichnet, sondern das Zusammen von Stoff und Form. So sagt auch BOËTHIUS in der Abhandlung über die Prädikamente, daß *οὐσία* das aus Stoff und Form Zusammengesetzte meine.

11] THOMAS hat hier vielleicht mit Bedacht den Ausdruck: *particularis* gewählt. Vielleicht hat man es bei dieser Wortwahl mit einer Auswirkung der Lehren des heiligen ALBERT DES GROSSEN zu tun, dessen Schüler der Aquinate bekanntlich gewesen war. Bei ALBERT [vgl. neuerdings V. DÄHNERT, Die Erkenntnislehre des Albertus Magnus, Leipzig 1934] bedeutet zwar *particulare* oftmals dasselbe wie *singulare*, also das Einzelne im Gegen-

satz zu dem allgemeinen, dem *universale*, drückt aber doch dessen Eigenart offensichtlich in einer bestimmten Hinsicht aus. *Particulare* kann der Einzelgegenstand nur heißen, weil und insoferne er an irgendeinem Umfassenderen »partizipiert«. Man darf vermuten, daß in diesem Ausdruck sich ein — bei ALBERT zum Teil deutliches — Fortbestehen »platonischer« [d. h. vor allem neu-platonischer] Gedankengänge kundgibt; in diesem Ausdrucke steckt sozusagen eine Theorie über Einzelnes und Allgemeines, die sich von der platonischen Ideenlehre und dem mittelalterlichen Begriffsrealismus nicht allzuweit entfernt. Zuweilen freilich hat man den Eindruck, als ob *particulare* und *singulare* als völlig gleichbedeutend gebraucht würden. Über Einzelnes und Allgemeines s. folg. Anm.

12] THOMAS vertritt hier, wie auch in allen späteren Schriften die Lehre, daß das *principium individuationis*, der Grund eben für die »Aufteilung« des Allgemeinen [dafür, daß »der Hund überhaupt« in Gestalt von so und so vielen einzelnen Hunden auftritt, oder die »Hundehaftigkeit« an allen diesen sichtbar wird], im Stoffe zu erblicken sei. Diese Auffassung geht zurück auf ARISTOTELES und wurde von AVICENNA, ALBERTUS u. a. vertreten.

13] Vgl. S. 121, Anm. 11. Der Stoff, an und für sich, ist bloße Möglichkeit, und zwar schlechthin für alles, was überhaupt als Stoffliches bestehen kann. Soferne der Stoff nun auf ein bestimmtes Etwas, zu dem er durch die Verbindung mit der betreffenden prägenden Form wird, hingeordnet ist, heißt er »vorbezeichnet«: *materia signata*. Diese Vorbezeichnung ist nach THOMAS u. a. eine durch Quantität: *materia signata quantitate*. Die dem Stoff an und für sich zukommende Möglichkeit ist nur eine »passive«; d. h. von sich aus in keiner Weise bestimmt, sondern nur als ein Nicht-Widerstreben gegen die Formung zu verstehen; z. B. heißt es von ihr auch, mit AUGUSTINUS [Conf. XII. 7], sie sei »nahezu nichts« [*prope nihil*, S. Th. I, q. 54, a. 3, 2]. Ihre erste Bestimmtheit, so könnte man sagen, erhält sie durch »Dimensionierung«, indem ihr bei noch fortbestehender qualitativer Unbestimmtheit [sie ist sogar für alle geschaffenen Dinge ein und dieselbe: S. Th. I, q. 66, a. 2c] eine gewisse »Gestaltung« zuteil wird. Der Begriff der *materia signata* gehört zu den schwierigsten des Systems. Man wird an die Rolle, welche die Begriffe »erster« und »vorbezeichneter Stoff« im System spielen, erinnert, wenn man bei den Vertretern der neuesten physikalisch-mathematischen Spekulation auf Begriffe wie die der »reinen Mannigfaltigkeitslehre« [z. B. bei H. WEYL] oder auf den des »Feldes«, den der »Abweichung von der abstrakten Geometrie« [EDDINGTON]

stößt. Es ist einsichtig zu machen, daß die vierdimensionale [Raum-Zeit-] Mannigfaltigkeit systematisch dieselbe Stelle einnimmt, wie der »erste Stoff« bei den Scholastikern. Die Ähnlichkeit der Weltauffassung geht, trotz des durchaus verschiedenen Standpunktes, sogar noch viel weiter, als wir hier andeuten konnten. Eine sehr klare und interessante Auseinandersetzung jüngsten Datums findet man bei L. FUETSCHER, Akt und Potenz, Philos. u. Grenzwiss. Bd. 4, H. 4–6, zumal S. 502 ff.; S. 207 der Sonderausgabe. Der Ausdruck *materia signata* scheint durch die AVICENNA-Übersetzung geläufig geworden zu sein. Er geht wohl auf die aristotelischen Gedanken zurück, daß das Einzelding, dessen Einzelheit auf der Verbindung von Stoff und Form beruht, nicht definiert [*individuum est ineffabile*, unsagbar, lehrte die Scholastik], sondern nur aufgewiesen werden könne als ein »Dieses da«. »Signiert« oder »designiert« meint offenbar ursprünglich eben durch ein hinweisendes Zeichen bezeichnet. Indes wandelt sich dieser Begriff in der scholastischen Philosophie erheblich. Man ersieht auch aus dem vorliegenden Texte ohne weiteres, daß die *materia signata* nicht ein *τόδε τι*, ein Dies-da, meint; sie macht vielmehr als ein *principium* das Dasein eines Dieses allererst möglich. Sie ist noch nicht qualitativ bestimmt, sondern höchstens als *signata quantitate* dem Ding, zu dem sie erst vermöge der Form wird, sozusagen um eine Stufe näher als die in bloßer Möglichkeit verharrende *materia prima*.

14] ROLAND-GOSSELIN [a. a. O. S. 11] führt zu dieser Stelle zwei Quästionen aus dem erwähnten MS. des ROGER BACON an, in denen es um die Frage geht, ob ein Individuum definiert werden könne [vgl. ferner a. gl. O. S. 88]. Die berührte Frage aber ist schon vor BACON vielfach erörtert worden, und man wird aus der Gleichartigkeit des Beispiels: Sokrates kaum auf eine auch nur mittelbare Abhängigkeit von BACON schließen können. Denn Sokrates, Platon und einige andere Namen kehren allerorten bei Erwägungen über Individualität, Personalität usw. wieder.

III

1] Dieses Kapitel schließt sich bei ROLAND-GOSSELIN ohne Absatz an das Vorherige an, so daß vom Kap. IV an die Numerierung gegenüber der hier nach BAUR gegebenen immer um eins zurückbleibt.

2] Met. VII. 5. comm. 20. 1. c. f. 306 r: Wörtliches Zitat.

3] Die *differentia specifica*, d. h. jenes Merkmal, durch das die Art gegenüber der Gattung gekennzeichnet ist. Innerhalb der Gattung: Raubtiere wird etwa die Art der Katzen, Marder, Bären

usw. je durch einen bestimmten Unterschied in sich gekennzeichnet.

4] Die beiden in Klammern gesetzten Worte sind dem Text nach ROLAND-GOSSELIN [a. a. O. S. 12] entnommen.

5] Die Erörterungen über das Verhältnis von Gattung und Art, erstere als ein übergreifendes Ganzes aufgefaßt, sowie der einzelnen Glieder einer Definition zu dem darin definierten Gegenstand bilden seit ARISTOTELES und dessen ersten, auch schon vorchristlichen Kommentatoren, ein Hauptthema der Philosophie und Logik. Das Problem und seine Lösung, welche THOMAS hier offenbar im Anschluß an AVICENNA, aber in weit größerer Klarheit als dieser, darstellt, läßt sich etwa so umschreiben: In den Gattungsbegriff geht nur ein Teil dessen ein, was bei einem Individuum oder auch nur bei einer Art an Merkmalen angetroffen wird; nun kann aber ein Teil nicht vom Ganzen ausgesagt werden. THOMAS hebt hervor, daß erstens das Verhältnis von Individuum zu Art ein anderes sei als das zwischen dieser und der Gattung. Zweitens, daß die Art gegenüber der Gattung nichts Neues sei, da ja alle für die verschiedenen Arten möglichen Bestimmungen in dem Gattungsbegriff als unbestimmte, wie er sagt [man könnte auch sagen: in einer allgemeinen Weise, welche die Besonderung zu den einzelnen Arten allererst möglich macht], enthalten seien. THOMAS scheidet scharf zwischen »integrierendem Teil« als einem real-konstitutiven Bestimmungsstück eines Dinges einerseits und dem Verhältnis der »Teile« zu der Gattung anderseits. Der Weiter-, oder besser noch: Umbildung der Gedanken des AVICENNA durch den Scholastiker nachzugehen, ist hier nicht möglich. Es zeigen aber gerade die auf das vorliegende Thema bezüglichen Stellen bei THOMAS, daß er keineswegs so sklavisch dem AVICENNA folgte, wie das manchem zu behaupten beliebt hat.

6] D.h. ein Teil, durch dessen Wegfall das Ganze, dem er angehört, aufhören würde, unversehrt [*integer*] das zu sein, was es ist, im Gegensatz zu nebensächlichen Teilmomenten; ein weißer Rabe bleibt Rabe, obwohl ihm das dem Raben sonst zukommende Teilmoment der Schwärze fehlt. Ein Teil kann nicht vom Ganzen ausgesagt werden: nämlich in der Urteilsform S ist P; so kann man nicht sagen: der Rabe ist Federn, wohl aber: er ist ein Federvieh, weil er das als Ganzes ist. Möglicherweise klingt in diesen Erörterungen über das Ganze und den Teil noch der Streit über den Nominalismus ROSCELINS [XI. Jahrhundert] nach, in dessen Lehre gerade dieser Punkt von entscheidender Bedeutung gewesen war [vgl. J. REINERS, Der frühmittelalterliche Nominalismus, Beitr. z. Gesch. d. Phil. d. M.A. Bd. 8, H. 5, Münster 1910].

7] Oder: unter den Begriff der Quantität fällt; insoferne Quantität von ihm ausgesagt wird. *Genus* im lateinischen Text meint hier nicht so sehr »Gattung« i. e. S., sondern eines der *decem genera praedicamentorum*, eine der zehn Weisen der Aussage, s. Anm. 5, S. 119.

8] Dies ist die in der Einleitung gemeinte Stelle, an der wir uns für eine andere Lesart, als die von L. Baur gewählte, glaubten entscheiden zu müssen. Bei Baur heißt es [S. 26, Z. 18]: *denominatio a forma determinate sumpta*, also: eine von einer Form her in bestimmter Weise genommene Benennung, während wir, mit einer Reihe von Baur angeführten Handschriften lesen: *determinata*, was den im Text wiedergegebenen Sinn hat. Zugunsten unserer Lesart scheint uns zu sprechen, daß eine Zeile weiter ja steht: *materia determinata* und S. 27, Z. 12 werden nochmals die Wendungen: *determinatam materiam* und *determinatam formam* einander gegenübergestellt. Auch glauben wir, daß unsere Lesart durch den Sinnzusammenhang gerechtfertigt sei. Es bedeutet diese Abänderung keinerlei Kritik an der vortrefflichen Ausgabe, der wir ja durchwegs folgen; übrigens nennt diese Baur, in vielleicht übergroßer Bescheidenheit, »gewissermaßen nur eine Vorarbeit für den endgültigen Text« [a. a. O. S. 5]. Es sei aber auch nicht verschwiegen, daß an einer späteren Stelle *determinate* in einem ganz ähnlichen Zusammenhange vorkommt und daß dort keine der Handschriften die, gleichwohl mögliche, Lesart: *determinata* hat. Roland-Gosselin hat an der von uns abgeänderten Stelle übrigens gleichfalls: *determinate*.

9] Met. v. c. 6. ed. Venet. 1508. F. 90 v. »Die Gattung wird von der Art so ausgesagt, daß sie einen Teil von deren Washeit bildet, und von dem unterscheidenden Merkmal so, daß sie sie begleitet und nicht als ein Teil der Washeit ... Daher kommt das unterscheidende Merkmal in der Washeit nicht überein mit der Gattung, die davon ausgesagt wird; sie unterscheidet sich von dieser [Gattung] durch sich selbst.«

10] Diese nicht so ohne weiteres verständliche Stelle erläutert der Kommentar des Cajetanus [Thomas de Vio, † 1543; ed. M.-H. Laurent, Turin 1934, S. 68] folgendermaßen: Die Gattung ist im Unterschied nicht als ein Teil von dessen Wesen eingeschlossen, d. h. als ein Teil von dessen formaler Bedeutung, sondern liegt außerhalb dieser, sowie ein Seinsträger außerhalb der formalen Bedeutung seiner Veränderungen [*formale significatum passionum*] liegt. »Veränderung« ist hier im Sinne von Bestimmtheit in diesem oder jenem So zu nehmen. Man könnte sagen, Gattung werde wohl vom Unterschied als dessen Bezugspunkt oder sogar Bezugssystem mitgesetzt, ist aber nicht etwa ein Unterbegriff von Unterschied. So ähnlich wie eben etwas, das

»am« Sein oder Seinsträger ist, ohne auf diesen bezogen zu sein, nicht ausgesagt werden kann, und doch das *subjectum* nicht unter den Begriff der *passio* fällt.

11] Met. III. 3. 998 b. 24. In der Übersetzung von ROLFES Bd. I, S. 48: »Es ist nicht möglich, entweder die Arten der Gattung oder die Gattung ohne ihre Arten von den eigentümlichen Unterschieden zu praedicieren.« Vgl. den Met. Comm. des heiligen THOMAS III. lect. 8 ed. Vives. v. 24, S. 437a: »Da das Hinzutreten des Unterschiedes [vgl. S. 127, Anm. 3] zu der Gattung die Art begründet [*constituit*, wenn man will: erzeugt], so kann von dem Unterschied weder Art ohne Gattung ausgesagt [praediciert] werden, noch Gattung ohne Art. Daß es nicht möglich ist, Art von dem Unterschiede auszusagen, geht aus zwei Gründen hervor. Erstens nämlich, weil der Unterschied, nach der Lehre des PORPHYRIUS [Porphyrius aus Tyrus, geb. 232 oder 233 n. Chr., starb Anfang des IV. Jahrh., Verfasser einer Reihe viel gelesener Aristoteles-Kommentare, von denen die ‚Isagoge', eine logische Einleitungsschrift oder eine ‚Einführung', im Mittelalter ständig benutzt wurde] zur Art hinzukommt. Zweitens kann die Art von dem Unterschiede deshalb nicht ausgesagt werden, weil dieser in die Definition der Art eingeht; man müßte denn annehmen, daß der Unterschied die Art als deren Grundlage [Träger] ausmache, wie etwa die Zahl die Grundlage der Gleichheit ist, in deren Definition sie eingeht. So verhält es sich indes nicht; vielmehr ist der Unterschied irgendwie eine Form der Art [nämlich als artbildendes Moment]. Daher kann Art vom Unterschied nicht ausgesagt werden, es sei denn im Sinne einer hinzukommenden Nebenbestimmung. Gleichermaßen kann auch die Gattung, für sich genommen, nicht von dem Unterschiede ausgesagt werden auf die Weise einer selbständigen Bestimmung. Denn die Gattung geht in die Begriffsbestimmung des Unterschiedes gar nicht ein, weil, wie es in Top. IV [2. 122. b. 20] heißt, der Unterschied an der Gattung keinen Anteil hat. [Denn die Gattung schließt ja alle, durch die Unterschiede bestimmten Arten in sich.] Noch auch geht der Unterschied in die Begriffsbestimmung der Gattung ein: daher kann die Gattung an sich in keiner Weise von dem Unterschiede ausgesagt werden. Sie wird indes von dem ausgesagt, was ‚den Unterschied hat', d. h. von der Art, an der der Unterschied als wirkliches Merkmal angetroffen wird. Daher sagt er [sc. ARISTOTELES], daß von den der Gattung eigentümlichen Unterschieden die Art nicht ausgesagt werde, noch die Gattung ohne die Art, weil eben die Gattung von den Unterschieden ausgesagt werde, soferne diese in den Arten vorkommen.«

12] Auch hier scheint THOMAS gegen AVENCEBROL zu polemisieren; dieser lehrte [WITTMANN, Die Stellung des hl. Thomas v. Aquin zu Avencebrol. Beitr. z. Gesch. d. Phil. d. MA. Bd. 3, H. 3. Münster 1900. S. 52], »daß die Gattung der Materie, die Differenz der Form gleichgesetzt wird«. Übrigens schließt sich der Text hier und in den folgenden Sätzen ziemlich enge an AVICENNA an.

13] Nämlich aus der Ungesondertheit der Arten, die so lange besteht, als die unterscheidenden Merkmale nicht ausdrücklich hervorgehoben werden; nur unter Vernachlässigung dieser, im ungesonderten Beisammensein der nur in gewissen Hauptzügen sich gleichenden Arten, kann die Gattung gebildet werden. Infolge dieser »Vernachlässigung« ist das die Gattung begründende Gemeinsame kein echtes Wesen, und daher kann auch von einem solchen, das — schon gar der Zahl nach — eines innerhalb der Gattung wäre, nicht die Rede sein. Man sieht, daß diese Bemerkung sich gegen einen zu weitgehenden Begriffsrealismus [wie ihn die »Platoniker«, d. h. die unter neu-platonisch-augustinisch-frühamrabischem Einfluß stehenden Denker vertraten] wendet. Die polemische Absicht gegen die Lehren des AVENCEBROL dürfte nicht zu verkennen sein.

14] Met. XI. [XII] comm. 14. ed. Ven. VIII. F. 323 r.

15] Man beachte hier den Ausdruck *forma signata*, der einen Parallelismus zur *materia signata* [s. S. 126, Anm. 13] darstellt. Wie diese als reine Möglichkeit sich den prägenden Formen gegenüber verhält, so wird das hier noch ohne Besonderung in »spezifische« [der Art eigentümliche] Formen Allgemeine als eine vorbezeichnete Form angesehen. Und wie die *materia prima*, selbst als *signata*, »fast nichts« ist im Hinblick auf Existenz, so könnte man wohl sagen, daß diese allgemeinste Form, auch als *signata*, fast nichts sei im Hinblick auf Essenz, Wesen. Es ergibt sich allerdings die Schwierigkeit, daß im Grunde das gleiche wiederkehrt im Verhältnis der Individuen zur Art; es ist nicht recht ersichtlich, wieso der Art, die doch eine Mehrheit ebenfalls durch Unterschiede voneinander besonderter, sohin verschiedener Individuen umfaßt, nun ein Wesen im eigentlichen Sinn zuerkannt werden könne, während es für die Gattung abgelehnt wird. Heißt es doch ausdrücklich, daß die Natur der Art, gemessen am Individuum, unbestimmt sei, daß also durchaus eine Proportion bestehe [in dieser Hinsicht] Individuum: Art = Art: Gattung. Offenbar sind die individuellen Unterschiede als sehr »nebensächlich« oder »unwesentlich« [in diesen Ausdrücken verspürt man noch deutlich die Auswirkungen aller dieser Problematiken] empfunden worden, neben den »wesentlichen« oder »spe-

zifischen«. Dafür spricht in der Tat manches. Eine Dogge kann leichter durch eine Dogge als durch einen Windhund ersetzt werden und noch viel schwerer durch eine Katze oder gar einen Goldfisch.

16] Eine ausführliche Darstellung dieses Punktes enthält das, wie gesagt, ungefähr um die gleiche Zeit entstandene erste Buch des Sentenzenkommentars [1. d. 23. q. 1. a. 1].

17] Met. v. c. 5. ed. Ven. f. 90r. Die angeführten Worte sind eine prägnante Zusammenfassung einer längeren Ausführung bei Avicenna.

18] Weil die Menschhaftigkeit durch eine Mehrheit von Merkmalen bestimmt ist, wie Lebendigkeit, Vernünftigkeit, Personhaftigkeit, Besitz einer unsterblichen Seele.

19] Das Verhältnis der zwei Begriffe: Form und Wesen ist nicht leicht scharf zu bestimmen oder einsichtig zu machen. Auch hängt die Auffassung davon sehr von gewissen grundsätzlichen Stellungnahmen ab. Immerhin läßt sich folgendes sagen: dem Begriff »Form« ist jener des »Stoffes« [welcher aber beileibe nicht ausschließlich im Sinne von — modern gesprochen — Materialität, körperlichem Stoff verstanden werden darf] zugeordnet, jenem des »Wesens«, der des Daseins oder der Existenz. Die dem Stoff zugeordnete Form ist jene, deren Besonderheit durch die Beifügung von *substantialis* bezeichnet wird; wir nennen sie die »prägende« Form, weil sie gewissermaßen den unbestimmten Stoff zu einem bestimmten Etwas ausprägt [wie aus dem noch unbestimmten Metallbande diese oder jene Münze geprägt werden kann]. Daß ein Bedürfnis besteht, diese prägenden Formen besonders herauszuheben, zeigt das »Vorkommen« auch anderer Formen an. Dann hat Form eben einen weiteren Sinn. Auf Grund dieses kann der heilige Thomas sagen, daß das Wesen — hier die: Menschhaftigkeit — eine Form sei, die »Stoff und [prägende] Form zugleich umfasse«, als »die Form des Ganzen«, nämlich als eine Gegebenheit von der Weise des »Was«. Die »prägende Form« ist im Menschen die Seele; die Menschhaftigkeit, das Gesamt alles dessen, was eben das »Wesen« Mensch, dasjenige, ohne das ein Mensch überhaupt kein Mensch ist, ausmacht, heißt so in weiterem Sinne Form; in sie gehen auch alle jene Momente ein, die dem Stoff und der prägenden Form, je für sich genommen, noch nicht zukommen. [So ist etwa weder die Seele, noch der Leib, für sich, selbstbewegt in der Weise des Lebewesens.]

IV

1] Folgerichtig müßte es heißen: Lebewesenhaftigkeit; allein dieses Wort ist denn doch allzu unschön.

2] Met. v. 6. Fol. 90r: »Das unterscheidende Merkmal ist nicht so wie Vernünftigkeit oder Sinnlichkeit. Besser ist es [anzunehmen], daß diese vielmehr Grundlagen von Unterschieden und nicht diese selbst sind.«

3] Unter den »Platonikern« sind hier wohl in erster Linie die »Realisten« verstanden, welche die Realexistenz des Allgemeinen lehrten [*universale ante rem*]. Zur Zeit des heiligen THOMAS hatte diese Lehre zwar einen Teil ihrer Anhängerschaft eingebüßt; indes wurde sie noch hinlänglich oft vertreten, so daß eine kritische Abwehr recht am Platze sein mochte. Platoniker heißen sie, weil sie sich auf die platonische Ideenlehre beriefen, die ihnen freilich in etwas abgeänderter Form über die Neuplatoniker, vor allem über deren judäo-arabische Nachfolger, zugekommen war. Zu den letzteren zählte auch AVENCEBROL. Über den »Realismus« oder die »Reales«, wie seine Verteidiger hießen, und die Gegenmeinung, den »Nominalismus« oder »Terminismus«, dem die »Nominales« oder »Terministae« anhingen, kann hier so wenig näheres ausgeführt werden, wie über die vom heiligen THOMAS bezogene und mit großem Scharfsinn gestützte Mittelstellung. Im übrigen muß auf die Darstellungen des Universalienstreites in den Werken über die Geschichte der mittelalterlichen Philosophie verwiesen werden [ÜBERWEG-HEINZE, II. bearb. v. B. GEYER, 11. Aufl. 1928; M. DE WULF, Gesch. d. m. a. Phil., übers. v. R. EISLER, 1913. Obwohl in manchen Punkten überholt, ist noch heute lesenswert: A. STÖCKL, Gesch. d. m. a. Phil. 1865; leider muß gesagt werden, daß die meisten Lehrbücher der Philosophiegeschichte der Zeit und ihren Problemen kaum gerecht werden].

4] ROLAND-GOSSELIN macht [a. a. O. S. 24] darauf aufmerksam, daß von dieser Stelle an bis zum Schluß des Kapitels THOMAS sich enge an den Text des AVICENNA anschließt, wofür er zahlreiche Belege beibringt, die mir hier wiederzugeben versagt bleiben muß.

5] An diese Erwägung knüpft eine sehr bedeutsame Frage an, die bald nach dem heiligen THOMAS zu einem Zankapfel wurde und über die auch heute noch der Streit der Schulen andauert. Das ist die Frage nach der Berechtigung der sog. *distinctio realis*. Wer diese verteidigt, behauptet, daß Existenz und Essenz, Dasein und Wesen, sachlich, *realiter*, voneinander verschieden sind, während die Gegner eine bloß begriffliche Unterscheidung [*distinctio rationis*] gelten lassen wollen. Dabei übergehen wir die »subtilen« Formulierungen des *doctor subtilis*, DUNS SCOTUS, der einer *distinctio formalis* das Wort geredet hat. Ob der Aquinate sich zur Lehre von der Realdistinktion je bekannte, ist eine heute

noch ungeklärte Frage, die aber höchstwahrscheinlich eine bejahende Antwort finden wird; jedenfalls vertraten sie nicht wenige seiner Nachfolger [nicht alle zwar], und sie gilt heute als ein Bestandstück des »Thomismus«. [Die Auffassung dieser Richtung findet man vielleicht am klarsten dargestellt bei GREDT *Elementa Philosophica*[5], 1933.] An der Stelle, auf die wir uns beziehen, bestand für den heiligen THOMAS keine Veranlassung, auf dieses Problem einzugehen, obzwar beide gegensätzlichen Lösungen bereits bekannt waren und zumal dem von ihm so viel benutzten AVICENNA die Anschauung von der Realdistinktion zugeschrieben wurde. [Der Terminus übrigens scheint erst im nachthomistischen Schrifttum aufzutauchen.] Daß nämlich die »Existenz«, das Da-sein, nicht dem Wesen zugehöre, war allgemein anerkannt; wäre dies der Fall, so müßte das Da-sein eine notwendige Bestimmung des So-seins darstellen und damit fiele die »Kontingenz«, eben die Nicht-Notwendigkeit des Daseins der geschöpflichen Dinge. Nur für den Schöpfer, das *Ipsum esse* [Selbstsein], das *ens realissimum* und den *actus purus* [reine Wirklichkeit ohne »Beimengung« von Möglichkeit] gilt, daß sein Wesen das Dasein in sich schließe, dieses also wesensnotwendig sei, er sohin aus sich selbst existiere [*ens a se*]. Wer sich für eine ebenso scharfsinnige wie schwierige Darlegung der Problematik dieser Distinktionen interessiert, sei auf das oben [S. 127, Anm. 13] zitierte Werk P. FUETSCHERS S.J. aufmerksam gemacht, in dem man auch reichliche Quellenangaben findet.

6] »Sein« ist hier zu verstehen als »Sein besitzen« oder als Dasein.

7] Hinsichtlich der verschiedenen Seinsweisen verhält sich das Wesen, für sich und unabhängig von einzelnen Seienden, an denen es sichtbar wird, betrachtet, als Möglichkeit. Obzwar ihm, oder der »Natur« kein Sein zukommt, ist keine Weise dessen ausgeschlossen. Die ganze Argumentation wendet sich offensichtlich gegen einen übersteigerten Begriffsrealismus, wie ihn etwa WILHELM VON CHAMPEAUX [erste Hälfte des XII. Jh.] behauptet haben mochte; wenigstens pflegt die Lehre, gegen die sich der Aquinate hier wendet, auf Grund der Berichte bei ABAËLARD jenem WILHELM zugeschrieben zu werden.

8] Gemeint ist folgendes: Ein Allgemeinbegriff, z. B. »der Mensch«, ist erstens einheitlich, was ohne weiteres klar sein dürfte, und zweitens allem, was er in sich begreift, gleichermaßen eigen oder gemeinsam. Während also der Allgemeinbegriff, rein als Begriff genommen, gewissermaßen keine Begrenzung durch die Individuen kennt, trifft dies für das »Wesen«, meint der Aquinate, nicht zu; dieses ist wohl an jedem Individuum, aber dort nur je als ein vereinzeltes, eben »individuiertes«

anzutreffen. Es wird also einerseits der Begriffsrealismus [s. vor. Anm.] abgewehrt, anderseits aber auch das Wesen nicht zu einem »bloßen« Begriff sozusagen verdünnt. Dieser Gedanke, das Wesen sei anderes als Allgemeinbegriff, Art oder Gattung wird im nächsten Absatze weitergeführt.

9] Einförmig ist ganz wörtlich und zugleich vollkommen sinngetreu die Wiedergabe von *uniformis*, nämlich: von ein und derselben Form.

10] *Similitudo* heißt zunächst Ähnlichkeit und daher auch Abbild. Der Ausdruck wird im mittelalterlichen Schrifttum in schwankender und vielfacher Bedeutung verwendet. Zeichen ist eigentlich gegenüber *similitudo* der weitere Begriff; nach den — freilich größtenteils nachthomistischer Zeit angehörenden — verschiedenen Ausführungen über den Begriff des Zeichens [wozu die Schule z. T. durch Untersuchungen über die Sakramente, z. T. auch über die Sprache veranlaßt wurde] bildet die *similitudo* eine Art von Zeichen. Indes wird dieses Wort auch, so vom Aquinaten selbst, als Übersetzung des griechischen *σύμβολον*, also eine besondere Art von Zeichen, verwendet. Ferner heißt es in der Vulgata, wo die deutsche Übersetzung jenes: »nach unserem Bild und Gleichnis« hat, *ad imaginem et similitudinem*. Keinesfalls darf an allen Stellen *similitudo* mit »Abbild« übersetzt werden; eine solche Wortwahl entspräche wohl der gemeinhin »scholastischer« Erkenntnistheorie zugeschriebenen »Abbildtheorie« [nach der, angeblich, das Erkennen in einem ganz eigentlich verstandenen Nachbilden, ja in einem Eindringen von »Bildchen« in die Seele bestehen soll]; aber weder ist diese Anschauung allgemein, noch wurde sie in einer so naiven Form, wie das eine in mittelalterlichem Denken und den Feinheiten seiner Terminologie wenig bewanderte Philosophiegeschichte oft meint, überhaupt gelehrt. An dieser Stelle erschien es zweckmäßig, den allgemeinsten Ausdruck, eben »Zeichen«, einzuführen. Nachthomistische Lehrer unterscheiden sogar genau zwischen *similitudo* als dem weiteren und *imago* als dem engeren Begriff. So z. B. JOANNES CAPREOLUS, der *princeps thomistarum*, in seinem Sentenzenkommentar [ed. Aquarius, Venet. 1587].

11] De an. I. comm. 8. ed. Ven. VII. F. 71. AVERROËS erklärt hier, ARISTOTELES sei nicht der Meinung gewesen, daß die Begriffsbestimmungen der Gattungen und Arten sich auf allgemeine, außerhalb der Seele befindliche Dinge bezögen; »sondern sie sind Begriffsbestimmungen von Einzeldingen außerhalb des Denkens; aber das Denken ist es, das in ihnen die Allgemeinheit bewirkt«. Der Satz *intellectus facit* [oder auch *agit*] *universalitatem* ist zu großer Bedeutung gelangt.

12] Metaph. v. c. 2 ed. Ven. F. 87v. *Universaliter non habet esse nisi in anima.* Ferner De An. I. 2. Fol. 5 v.: auf den betrachtenden Geist oder dessen Betrachtungskraft [*virtus contemplativa*] wirkt die bloße allgemeine, von Stoff befreite Form. Wo eine solche nicht besteht, so wird sie »nackt gemacht, weil der Geist selbst sie [des Stoffes] entkleidet«.

13] De an. III. comm. 5. ed. Ven. VII. F. 101 v—103 v. Es ist dies das erstemal, daß THOMAS in den Streit um die »Einheit des Intellektes« eingreift. Die im Text angeführte Meinung des AVERROËS bildet einen Hauptpunkt in den lebhaften Kontroversen mit den »Averroisten«, die zumal in der Artistenfakultät von Paris stark vertreten waren. Ihr bedeutendster Kopf war SIGER VON BRABANT, über den wir durch die Studien von P. MANDONNET ausführliche Kenntnisse besitzen [vgl. S. 124, Anm. 3]. Auch die Franziskanerschulen standen z. T. im Banne der averroistischen ARISTOTELES-Auslegung. Über die Lehre des »Kommentators« unterrichtet, trotz mancher Unzuverlässigkeit, auch heute noch recht gut: E. RENAN, Averroès et l'Averroisme, 3. Aufl., Paris 1866; vgl. ferner den entsprechenden Abschnitt in UEBERWEG-HEINZE. Auf welchem Wege der arabische Philosoph zu der angeführten Lehrmeinung kam — die bei ARISTOTELES sich nicht ausdrücklich findet — ist eine andere Frage. Jedenfalls stieß sie bald, nachdem die Schriften des AVERROËS übersetzt worden waren, auf die heftige Gegnerschaft führender Philosophen und Theologen, so des WILHELM VON AUVERGNE, der allerdings dem ARISTOTELES die Thesen zuschrieb, die er bekämpfte, mehr noch des ALBERTUS MAGNUS, der sich nicht nur an vielen Stellen seiner Werke gegen die erwähnte These wandte, sondern dagegen sogar eine eigene Schrift verfaßte: *De unitate intellectus contra Averroistas,* ferner eine Antwort auf eine Anfrage des AEGIDIUS VON LESSINES, etwa 1270, bekannt unter dem Titel: *De quindecim problematibus* und von MANDONNET a. a. O. Bd. II herausgegeben, vor allem aber des Aquinaten, den denn auch ein altes Bild in Sta. Catarina zu Pisa darstellt, auf einem Throne oder Lehrstuhl sitzend, von dem ein Strahl ausgeht, der den am unteren Bildrande gekrümmt hingeworfenen AVERROËS zu Boden geschmettert hat. Gegen die Averroisten wenden sich viele Stellen der *Summa theologica,* der *contra gentiles,* sowie die Sonderschrift *de unitate intellectus contra Averroistas* [die Handschrift in der Staatsbibliothek zu München trägt den Vermerk: *contra magistrum Sogerum,* d. i. SIGER VON BRABANT], wahrscheinlich auch die *de aeternitate mundi,* der Kommentator zu *de anima* u. a.

14] Wörtlich: weil sie ein gemeinsamer Vertreter für mehrere

wäre. Vielleicht wird der hier gemeinte Sinn am besten verdeutlicht durch den Hinweis auf »schematische Abbildungen« in Lehrbüchern; z. B. »das« Skelett des Huhnes.

15] Die *accidentia*, wörtlich: dasjenige, was hinzufällt, nämlich nicht wesensnotwendig dem Bestande eines Seienden angehört. ARISTOTELES sagt: *τὸ κατὰ συμβηβεκός*, in welchem Ausdrucke ebenfalls das Zufallen enthalten ist. Zum Wesen Mensch etwa gehört eine Reihe von Bestimmungsstücken [z. B.: Lebewesen, Zweibeinigkeit, Vernünftigkeit]; der Umstand der weißen oder gelben Hautfarbe, die Muttersprache, die Volkszugehörigkeit u. dgl., sind aber Nebenbestimmungen. Diese haben kein eigentliches Sein, sondern enthalten ein solches nur, insoferne sie von einem Seienden, dem sie zufallen, getragen werden.

16] Das Denken »trennt« ein einem Seienden zukommendes Bestimmungsstück ab, sieht gewissermaßen das Ding und seine Eigenschaft getrennt an und vereinigt beide in der Urteilsaussage. »Die Rose ist rot« setzt voraus, daß erstens das Moment »rot« gesondert angesehen und zweitens mit der »Rose« wieder vereinigt werde. Die sachliche Einheit des »Rotseins der Rose« ist die seinsmäßige Grundlage, die dieses Urteil möglich macht. Analog ist das »eine-Blume-sein-der-Rose« die sachliche Grundlage der Aussage: die Rose ist eine Blume. Sohin gehört Aussagbarkeit von einem Einzelding zu den »Eigenschaften« des Gattungsbegriffes und muß ebenfalls ihre sachliche Grundlage in einer Einheit von Einzelding und Gattungsbegriff haben. Die folgende Bemerkung über dasjenige, dem die Aussagbarkeit nun eigentlich anhafte, ist zu verstehen als die Andeutung einer Stellungnahme des Aquinaten zu dem berüchtigten, zuvor schon gestreiften Universalienproblem. Wenn THOMAS unterstreicht, daß nicht eigentlich der Gattungsbegriff als solcher, sondern das darin Bezeichnete Träger oder Grundlage der Aussagbarkeit sei, so soll dadurch offenbar jene These abgewehrt werden, die man als die des extremen Nominalismus kennt; d. h. es soll vermieden werden, daß das Allgemeine, hier die Gattung, mit dem bloßen Begriff, als Phänomen des Denkens, oder gar mit dem Worte gleichgesetzt werde. Auch hier darf vielleicht eine polemische Spitze gegen die Averroisten vermutet werden, die den späteren extremen Nominalismus vielfach vorweggenommen haben. Wenn anderseits der Träger der Aussagbarkeit als das bezeichnet wird, dem das Denken die Bedeutung »Gattung« verleihe, so will der Aquinate hinwiederum auch die dem extremen Nominalismus entgegengesetzte Meinung ablehnen, als habe das Allgemeine [das *universale*] als solches irgendeine Realexistenz, also die Lehre der »Realisten« oder, wie sie damals vielfach, ihrer

Anknüpfung an die platonisch-neuplatonische Überlieferung wegen, genannt werden, der Platoniker.

V

1] Dies ist die einzige Stelle, an der jener Autor, dessen Ansichten die Abfassung der Schrift vielleicht veranlaßt haben, genannt wird. AVICEBROL oder AVENCEBROL [Salomon ibn Gabirol] erscheint hier als der Urheber der Lehre von der Zusammensetzung auch der geistigen Substanzen aus Stoff und Form. Diese philosophiegeschichtliche Rolle des AVENCEBROL wird ihm von THOMAS auch noch in anderen Werken zugeschrieben: II. sent. d. 3. q. 1. a. 1; De subst. sep. c. 5.; S. Th. 1. q. 50. a. 2. c,; in der nachfolgenden Zeit erscheint der Verfasser des *Fons vitae* nicht mehr als der Gegner. WITTMANN [a. a. O. S. 33, 34] hat darauf hingewiesen, daß die Anhänger der von dem Aquinaten bekämpften Lehre sich später auf AUGUSTINUS zu berufen pflegten, gegen den der *doctor communis* nur unausdrücklich Stellung nimmt, dessen Lehre er aber in diesem Punkte gleichwohl für unhaltbar ansieht. Von den Zeitgenossen des Aquinaten war es in erster Linie der heilige BONAVENTURA, der für diese These die Auktorität des Bischofs von Hippo geltend machte. Es mag übrigens zweifelhaft sein, ob THOMAS den AVENCEBROL als den geistigen Urheber oder nur als die Quelle der betreffenden scholastischen Meinung hinstellen wollte. Tatsächlich ist die Lehre von der Materialität der Intelligenzen vor AVENCEBROL und auch vor AUGUSTINUS schon vorgetragen worden. [Übrigens auch in der Frühscholastik, noch ehe der *Fons vitae* bekannt wurde; man stößt auch hier auf HUGO V. ST. VICTOR als einen möglichen Gegner; s. P. L. 175, de sacram. 1. 1. c. 5 u. 6. 5. c. 4. u. 5; aber auch PETRUS LOMBARDUS, der *magister sententiarum*, hat die gleiche Meinung vertreten, II. d. 2. c. 5, wie andere noch. Diese alle hängen wohl von AUGUSTINUS ab.] In der Tat gehört die Lehre von der Zusammensetzung auch der *substantiae separatae* zu den im mittelalterlichen Augustinismus vertretenen Auffassungen. Man findet sie auch bei ALEXANDER VON HALES und bei BONAVENTURA sowie bei anderen Theologen oder Philosophen des Franziskanerordens. Die Geschichte dieses Streites ist hier von untergeordneter Bedeutung. Für THOMAS stand fest, daß die geistigen Substanzen in jedem Sinne immateriell sein müßten. Den Ausführungen S. Th. 1. q. 50. a. 2. c. zufolge hätte AVENCEBROL so geschlossen: Unterschiede, die der Verstand erfaßt, bestehen auch in den Dingen. Die körperlose Substanz unterscheidet sich einerseits von der körperlichen, anderseits zeigt sie Übereinstimmung. Der Unterschied liegt in der

Form, die Übereinstimmung im Stoff. »Und daher behauptet er [A.], daß der allgemeine Stoff der geistigen Wesen und der körperlichen derselbe sei«; die Form der körperlosen Substanz sei ebenso dem Stoffe der geistigen Wesen eingeprägt, wie die Form der Quantität dem der körperlichen Dinge. Der Aquinate weist dann zuerst die Idee eines für beide Seinsgebiete einheitlichen Stoffes zurück, dann die Annahme eines Stoffes in den *substantiae separatae* überhaupt. Der dabei verfolgte Beweisgang ist, wie auch C. G. II. c. 50, grundsätzlich derselbe wie an der vorliegenden Stelle, wenn er auch dort genauer durchgeführt erscheint. Die Auffassung, die — unausdrücklich hier und ausdrücklich an den angeführten Stellen der S. Th. und C. G. sowie im Sentenzenkommentar II. d. 3. q. 1. a. 1. — dem AVENCEBROL zugeschrieben wird, hat indes dieser gar nicht vertreten. Er hat nämlich nicht [s. WITTMANN a. a. O. S. 45] behauptet, daß die körperlichen und geistigen Substanzen einen und denselben Stoff [*materia universalis*] besäßen, sondern vielmehr, daß den verschiedenen Formen je verschiedene Stoffe zugeordnet seien. Aber es muß zugestanden werden, daß manche seiner Äußerungen zu der hier bekämpften Interpretation sehr wohl Anlaß geben, zumal diese eigentlich folgerichtig aus seiner erkenntnistheoretischen Grundannahme erfließen müßte. Übrigens hat auch schon der heilige ALBERT sich gegen die Lehre von der Stofflichkeit der Intelligenzen gewandt, wobei er allerdings auf AVICENNA als die Quelle des sogar bei manchen Dominikanern [die sich, im Gegensatz zu der »platonisierenden« Franziskanerschule, meist ablehnend verhielten] Anklang gefunden habe [de an. III. tr. 3. c. 14]; er weiß aber auch, daß AVENCEBROL diese Lehre vertritt, anderseits hält er PLATON für den Verfasser des *Fons vitae* und tadelt sehr scharf dessen Irrlehre, daß allen Seienden ein einheitlicher Stoff eigen sei [II. Sent. d. 1. a. 4]. Ein Eingehen auf den Standpunkt des AVICENNA in dieser Frage ist hier nicht möglich. Es sei aber auf die deutsche Übersetzung seiner Metaphysik durch HORTEN [Das Buch der Genesung der Seele. Eine philosophische Enzyklopädie AVICENNAS, XIII. Teil: Die Metaphysik, Halle 1907—1909] aufmerksam gemacht. Die Grundannahme des AVENCEBROL nun, gegen die der Aquinate seine kritischen Einwendungen erhebt, ist eben die Annahme einer Identität von begrifflichen, bloß gedachten, und von sachlich-gegenständlichen Verhältnissen. Diese Vermengung oder Verwechslung hat THOMAS auch sonst für einen der schwersten methodischen Irrtümer gehalten; auf dem Nachweise dieser unerlaubten Gleichsetzung beruht z. B. auch seine Widerlegung des sog. ontologischen Gottesbeweises des heiligen ANSELM VON CAN-

TERBURY. Der heilige THOMAS bedient sich in der Widerlegung der ihm unhaltbar erscheinenden These vor allem eines Argumentes: der Geist erfaßt die Formen ohne den Stoff, dem sie [bei den körperlichen Dingen] verbunden sind; also kann er selbst nicht stofflich sein, noch Stoffliches enthalten. Inwieweit dieser Grundsatz, der eine weit über diese spezielle Frage hinausgehende Bedeutung besitzt und der in der Tat für die ganze Erkenntnistheorie und weiterhin die Lehre vom Sein ausschlaggebend wird, in der hier vorgetragenen Gestalt als gesichert gelten könne, ist wiederum ein Problem, das an dieser Stelle nicht erörtert werden kann, weil dies auf eine kritische Würdigung der letzten Voraussetzungen des thomistischen [wie auch des anderer Denker] Systems hinauskäme.

2] Diese hier abgelehnte Meinung war unter anderen älteren Denkern vor allem von dem großen Franziskaner ALEXANDER VON HALES vertreten worden. Auch BONAVENTURA hat sie übernommen [II. Sent. d. 3. a. 1. q. 1—3. u. a.]. THOMAS denkt wohl hier an den ersteren.

3] Es ist mit dieser Bezeichnung »körperlich« natürlich nicht gemeint, daß die Form etwas irgendwie Körperhaftes sei, sondern nur, daß sie dem Körper zugehöre. So wie wir etwa mit der Rede von einem »leiblichen Wohlergehen« auch nicht meinen, daß das Wohlergehen ein Leib sei, sondern nur, daß es mit dem Leibe zusammenhänge.

4] Die Notwendigkeit, irgendeine Zusammengesetztheit auch der Intelligenzen anzunehmen, ergibt sich aus deren Geschaffensein und dem grundsätzlich niemals zu überbrückenden Gegensatz zwischen dem Schöpfer als der ersten Ursache und der geschöpflichen Welt. Dieses Verhältnis von Geschöpf zu Schöpfer drückt die berühmte und in der Tat für die scholastische Metaphysik grundlegende Lehre von der »Analogie des Seins« aus; das IV. Laterankonzil [1215] sagt: *quia inter creatorem et creaturam non potest tanta similitudo notari, quin inter eos maior sit dissimilitudo notanda* [Denz. 432]: weil zwischen Schöpfer und Geschöpf keine so große Ähnlichkeit festgestellt werden kann, daß nicht eine noch größere Unähnlichkeit festzustellen wäre. Gott wird nun gekennzeichnet als *actus purus*, reine, restlose Wirklichkeit, in dem nichts an Möglichkeiten vorhanden ist, das erst irgendwie und irgendwann zu Wirklichkeit werden könnte [daher ist auch der neuerdings wieder einmal gelegentlich vorgebrachte Gedanke eines »werdenden Gottes« ein ganz unvollziehbarer]; die Geschöpfe aber haben, wie hoch immer sie in der Rangordnung des Seienden stehen mögen, immer Möglichkeit bei sich, sie sind grundsätzlich immer Werdende. Ferner trifft nur auf

Gott zu, daß sein Wesen sein Dasein notwendig einschließe; für alle anderen Seienden aber gilt, daß ihr Dasein, ihre Existenz nicht notwendig ihrem Wesen zugehöre. Also tritt sozusagen ihr Dasein zu ihrem Wesen hinzu. Da nun dieses Wesen bei den Intelligenzen nach Thomas [s. die weiteren Ausführungen dieses Absatzes] mit deren Form zusammenfällt, so kann er sagen, sie seien »aus Form und Sein [= Dasein]« zusammengesetzt.

5] Der *liber de causis*, das Buch von den Ursachen wurde aus dem Arabischen übersetzt von Johannes Hispanus [dem oben in Anm. 2 erwähnten Mitarbeiter des Gundissalinus] oder von Gerhard von Cremona, 1167—1187. Inhaltlich stellt es sich dar als ein Auszug der *στοιχείωσις θεολογική* [*Institutio theologica*] des Proklos [410—485]. Daß es dem Gedankenkreis dieses Neuplatonikers angehöre, hat zuerst Thomas, der auch einen Kommentar dazu verfaßte, erkannt. Dem Aquinaten konnte der Nachweis der Herkunft um so eher gelingen, als dei *liber de causis* z. T. wörtlich mit der Schrift des Proklos übereinstimmt und er eine lateinische Übersetzung der letzteren, angefertigt durch Wilhelm von Moerbaeke, zur Hand hatte. Dies dürfte aber erst nach 1268 der Fall gewesen sein, während die vorliegende Schrift um fast 15 Jahre älter ist. Immerhin nimmt er auch hier davon Abstand, einen Verfasser zu nennen. Der Übersetzer hielt den *liber de causis* für ein Werk des Aristoteles. Auch Albert d. Gr. bemerkte die Abweichungen vom aristotelischen Denken und schrieb das Buch einem David Judaeus zu. [Vielleicht veranlaßte ihn dazu eine Kenntnis des Namens Ibn Daud, den der Johannes Hispanus führte.] Eine genaue Ausgabe mit Übersetzung verdanken wir O. Bardenhewer [Die pseudoaristotelische Schrift über das reine Gute, bekannt unter dem Namen *Liber de causis*, 1882]. Der unbekannte Verfasser war [Überweg-Heinze II[11], S. 303] ein Muslim, der 850 jenseits des Euphrat lebte. Unter den Scholastikern war Alanus ab Insulis [† um 1203] der erste, der die Schrift benützte. Es handelt sich nicht um einen »Kommentar«; dieser Ausdruck bezeichnet hier einen Abschnitt des Werkes, das als eine Zusammenstellung aristotelischer Gedanken galt. Auch Thomas hielt wohl zur Zeit der Abfassung von *de ente* noch Aristoteles für den Verfasser, da er in dem etwa gleichzeitigen Quodl. IX. q. 3. a. 5. ausdrücklich sich auf ein Wort des Philosophen im *Liber de causis* beruft.

6] Met. V. c. 5. ed. Venet. F. 90r: *Quiditas autem omnis simplicis est ipsummet simplex. Nihil enim est receptibile suae quiditatis.* Thomas zitiert hier nahezu wörtlich.

7] Met. V. c. 2. ed. Venet. F. 87. v. »Eine Natur, die keines Stof-

fes bedarf, um ins Sein zu treten oder darin zu verharren, kann sich nicht vervielfältigen; daher ist die Art einer solchen in der Einzahl«; IX. c. 4. F. 105 r: *Nec hae intelligentiae sunt convenientes in specie, ita ut individua suarum intentionum sint convenientia.* Womit gemeint ist, daß nicht mehrere Individuen der gleichen Art »zusammenkämen«, so daß sie unter einen Artbegriff gebracht werden könnten. Der Gedanke, daß es bei den Intelligenzen keine Individuation der Art geben könne und daß dort also jedes »Individuum« sozusagen seine Art sei oder daß jede Art für sich, ohne Verteilung auf eine Mehrheit von Einzelnen, bestehe, spielt auch fernerhin in der thomistischen Engellehre eine große Rolle. Er hängt ersichtlicherweise auf das engste mit der Vorstellung zusammen, die THOMAS sich von der Individuation [Vereinzelung der — allgemeinen — Art in den Einzelindividuen] gemacht hat. Diese soll ja, ihm zufolge, ausschließlich durch den Stoff geschehen. Da aber, wie wir sahen, den Intelligenzen in keinem wie immer gearteten Sinn ein Stoff zuerkannt wird, ist eine Individuation bei diesen schlechthin unmöglich.

8] Reine Wirklichkeit, *actus purus*, ist eben nur Gott. Alle Geschöpfe haben ein Sein, in dem Wirkliches mit annoch Möglichem verbunden ist. Ja, diese »Beimengung« von möglichem zu dem wirklichen Sein macht recht eigentlich den Grundzug aller Geschöpflichkeit aus; überdies begründet sich in dem — wenn man so sagen darf — »Mischungsverhältnis« die Rangordnung des Seienden. An deren unterstem Ende steht der bloße Stoff, der als solcher überhaupt keine Wirklichkeit ist oder keine solche hat, da er eben als bloße und unbestimmte Möglichkeit aufzufassen ist.

9] Dieser Schluß erscheint wohl nicht so ohne weiteres als zwingend. Denn die Tatsache, daß ich den Phönix denken kann, ohne zu wissen, ob er existiert, beweist doch nur, daß eben das Wesen gedanklich vom Dasein unterschieden werden kann, aber nicht, daß beide je anderes »sind«. Die gedankliche Unterscheidbarkeit ist niemals bestritten worden; wohl aber wurde von vielen behauptet, daß es sich eben um nicht mehr als um diese [*distinctio rationis*] handle. Vgl aber u. S. 143, Anm. 12.

10] Die »Verschiedenheit« der Stoffe, auf die hier Bezug genommen wird, kann schwerlich als eine der primären Eigenschaften des Stoffes aufgefaßt werden, weil ja »der« Stoff als *materia prima* vollkommen unbestimmt, also auch qualitätslos ist. Entweder ist die Verschiedenheit zu verstehen als eine der *materia signata quantitate* oder als eine von schon durch Formung irgendwelcher Eigenschaften teilhaft gewordenen stofflichen Dingen.

11] *Absolutum* wörtlich: losgelöst, nämlich von anderen Seienden; im gegenteiligen Falle bilden diese anderen Seienden und die Beziehungen zu ihnen die Bedingungen des Seins und des dazu in Beziehung stehenden Seienden. Hat etwas Bestand, für sich und in unbedingter Weise, so ist es nicht »dasselbe«, wie wenn es von einem anderen Seienden »aufgenommen« wird; denn dann ist jenes nur noch »an« diesem Seienden und hat die für die erstgenannte Seinsweise grundlegende Bestimmung des für-sich-und-unabhängig-Seins verloren.

12] Hier wird nun der oben [vgl. Anm. 9] noch nicht einwandfreie Schluß auf das Verschiedensein [nicht nur als verschieden-gedacht-werden] vom Wesen und Dasein strenge begründet, weil der hier ausgeführte Gegensatz zwischen dem Ersten und Einen [die Formel klingt übrigens an eine neuplatonische Wendung: *ἓν καὶ πᾶν* an] einerseits, und den anderen Seienden im Sein selbst anderseits, unabhängig von allem Gedachtwerden, seinen Grund hat.

13] *Principium* ist das von den lateinischen Philosophen für den aristotelischen Begriff der *ἀρχή* [ARISTOTELES, Met. V. 1.] gewählte Wort. »Allen Prinzipien nun ist es gemeinsam« — obwohl das Wort mehrere Bedeutungen hat — »das Erste zu sein, woraus etwas ist oder wird oder erkannt wird« [Übers. v. ROLFES I. S. 86]. Dieses *τὸ πρῶτον εἶναι ὅθεν*, das »Erste zu sein, woher« macht irgend etwas eben zum ersten Anfang; dieses »Prinzip« kann, sagt ARISTOTELES, in einem Dinge gelegen sein oder außerhalb.

14] Damit ist auch eine in der Tat widersinnige Formel abgelehnt, die gelegentlich schon in der mittelalterlichen Spekulation auftaucht, aber größere Berühmtheit erst durch SPINOZA erlangte: Gott als die *causa sui*, als Ursache seiner selbst. Allerdings hat SPINOZA selbst den genannten Ausdruck anders verstanden haben wollen: Eth. I. F. I. *Per causam sui intelligo id, cuius essentia involvit existentiam; s. id cuius natura non potest concipi, nisi existens;* er scheint also zunächst nichts anderes zu meinen, als den von den Scholastikern in der Formel *ens a se* ausgedrückten Gedanken; daß Gott sich selbst verursacht habe, ist eine von THOMAS u. a. [z. B. späterhin von SUAREZ, Disp. met. XXVIII. s. 1] abgelehnte Lehre. Indes ist die Wendung: *causa sui* nicht ohne üblen Einfluß auf späteres metaphysisches Denken geblieben. Eine besondere Ausprägung findet der Gedanke der *causa sui* bei HEGEL [Enzyklop. § 153]; weil die Ursache als solche sich erst zeigt oder erweist — so kann man die einigermaßen schwierigen Formulierungen HEGELS wohl wiedergeben —, wenn sie ihre Wirkung entfaltet, verursacht sie nicht nur diese, sondern auch

sich selbst als Ursache. »Die Ursache ist daher an und für sich *causa sui.*« HEGEL verweist, obzwar polemisierend, ausdrücklich auf die »Briefe über Spinoza« des JACOBI und deutet damit seine Abhängigkeit von dem Verfasser der Ethik an.

15] Der hier entwickelte Gottesbeweis, durch Aufzeigung der Notwendigkeit einer ersten Ursache und deren Beschaffenheit, kommt im wesentlichen mit jenem Beweis überein, der für THOMAS überhaupt die Grundform aller Gottesbeweise darstellt, nämlich der aus »dem ersten Beweger«.

16] Die Washeit oder das Wesen des reinen Geistes [oder sonst irgendeines Geschöpfes] schließt in seinem Begriff die Möglichkeit des Daseins ein, nicht aber dessen Wirklichkeit, ansonsten es mit Notwendigkeit existieren müßte, welche Bestimmung indes, wie gezeigt wurde, Gott allein zukommt. Diese Folgerung ist, rein logisch genommen, unbestreitbar. In ontologischer Betrachtung birgt sie aber jene Schwierigkeiten in sich, aus denen die Streitigkeiten über die »Realdistinktion« entspringen. Wenn gesagt wird, die Washeit oder Form müsse sich hinsichtlich des Daseins als Möglichkeit verhalten, so entsteht unweigerlich die Frage, »an was« denn nun diese Möglichkeit hafte oder »was« das sei, das sich als Möglichkeit verhalte. Diese Erwägungen leiten unmittelbar in jene Spekulationen über, um die es im sog. »Universalienstreit« geht: über die Seinsweise des Allgemeinen.

17] De An. III. comm. 14. ed. Venet. VII. F. 108r: »Die Ausdrücke Möglichkeit, Aufnahme und Vollendung werden [vom Geistigen] in anderer Bedeutung als von den stofflichen Dingen ausgesagt.«

18] De hebdomad. P. L. Bd. 64, col. 1311. Diese Formel des BOËTHIUS hat in den Erörterungen über das Verhältnis von Dasein [*existentia*] und Sosein [*essentia*] eine große Rolle gespielt. Von einer eigentlichen Zusammensetzung ist nun freilich an dieser Stelle nicht die Rede. Vielmehr heißt es dort: »Jedes Einfache hat sein Sein und das, was es ist, als eines. Bei jedem Zusammengesetzten ist das Sein etwas anderes und es [das Zusammengesetzte] selbst ein anderes.« [*Omne simplex esse suum et id quod est unum habet. Omni composito aliud est esse, aliud ipsum est.*]

19] Bestände nämlich in den Intelligenzen keine »Beimischung« von Möglichkeit, so könnte es deren nicht mehrere geben, da ja eine Individuation durch den Stoff, wie wir sahen, nicht in Betracht kommt und sohin, wenn das ganze Wesen in Wirklichkeit vorhanden wäre, dieses in der Tat nur in numerischer Einmaligkeit stattfinden könnte. Es wäre eine der Untersuchung nicht unwerte Frage, inwieferne man nun doch, zufolge der Unterschiede im Verhältnis von Möglichkeit und Wirklichkeit

bei den Intelligenzen in irgendeinem, wenn auch gegenüber der Sachlage bei den körperlichen Dingen geänderten, Sinne von »Individuen« sprechen kann. Denn tatsächlich sind ja die Engel Personen, tragen sie Eigennamen und sind sohin auch irgendwie »Individualitäten«.

20] De An. III. comm. 5. ed. Venet. 103 r.

21] Der *intellectus possibilis* = der mögliche Verstand — ist ein in der von den Scholastikern ausgebildeten Theorie der Verstandesleistungen und ihres Verlaufes sehr wichtiger Begriff. »Möglich« hat hier eine eigentümlich schillernde Bedeutung, zwischen jenem »möglich«, vermöge dessen wir sagen, daß etwas möglich sei [z. B. daß es regnet], und jenem anderen, das heute ungewöhnlich geworden und nur etwa in der Rede »hochmöglich« im Sinne von »hochmögend«, d. i. vielvermögend, erhalten ist. Außerdem muß beachtet werden, daß auch der Ausdruck: *intellectus* in doppelter Bedeutung vorkommt; er besagt erstens eine Seite der Seele oder eine Leistung, so wie wir sagen: Intelligenz, und zweitens dasselbe wie Begriff, d. h. nämlich das vom Verstande Erfaßte. Auch diese beiden Bedeutungen scheinen im *intellectus possibilis* anzuklingen. Denn dieser ist einerseits die Möglichkeit, die der Seele eigen ist, sich verstandesmäßig zu betätigen und, eben darum, auch das verstandesmäßig Erfaßte als bloße Möglichkeit. Wirklichkeit entsteht hier erst, wenn etwas, was der Verstand erfassen kann, diesem dargeboten wird. Den Ausgang nimmt der, in der Begriffsbildung gipfelnde, Erkenntnisprozeß von den Außendingen [*res extra*], die auf die Sinne einwirken — wie im Einzelnen diese Berührung der Sinne gedacht wird, braucht hier nicht erörtert zu werden — und so eine Vorstellung des Einzeldinges im Bewußtsein erzeugen. Diese Vorstellung, *phantasma* genannt, wirkt ihrerseits auf den Verstand, und zwar dadurch, daß sie — bzw. ein ihr entsprechendes »Umwandlungsprodukt« — durch den »tätigen Verstand« [*intellectus agens*] für die Aufnahme in den »möglichen« geeignet gemacht wird. Weil der *intellectus possibilis* eben bloße Möglichkeit für die Entstehung und das Haben intellektueller Erkenntnisse ist, bedeutet sein Vorhandensein eine »Beimischung« von Möglichkeit zu dem vernünftigen Geiste. Man könnte ganz gut sagen, daß der *intellectus possibilis* die Art und Weise sei, in der in einem vernünftigen Geiste Möglichkeit sein könnte. Daraus erklärt sich denn auch der Hinweis auf die Ansicht des »Kommentators« in diesem Zusammenhange.

22] a. gl. O. Die ganze Stelle ist für die thomistische Weltkonzeption kennzeichnend, die an einem hierarchischen Aufbau des Seinsgesamtes immer strenge festhält. Diese Konstruktion, wohl

die einleuchtendste, die je von Metaphysik entworfen wurde, begründet gleichermaßen eine Rangordnung der verschiedenen Seinsarten ihrem Sein nach [der bloße Stoff schließlich hat gar kein eigentliches Sein mehr, er ist nur reine Möglichkeit, wie das höchste Sein, das Gottes, nur reine Wirklichkeit ist], und dem Werte nach. Die klarste Darstellung dieses hierarchisch-architektonischen Weltbildes findet sich vielleicht S. c. G. IV. c. 11.

23] De An. III. c. 4. 429b, 31—430a 1. [Übers. v. ROLFES S. 78]: »Die Vernunft ist der Möglichkeit nach gewissermaßen die Gesamtheit der Denkobjekte, aber der Wirklichkeit nach nichts davon, bevor sie denkt. Man muß sich die Sache so vorstellen, wie bei einer Schreibtafel, auf der in Wirklichkeit nichts geschrieben steht.«

24] Die zuvor angedeutete Begründung der Rangordnung des Seienden [S. 144, Anm. 19] wird an dem Beispiel der menschlichen Seele, als der untersten Stufe der Geistwelt, erläutert.

25] Diese »niedersten Formen der Elemente« bedeuten den materiellen Stoff, aus dem oder aus dessen Arten die stofflichen Dinge bestehen. Die alte Elementenlehre kennt vier Elemente: Erde, Luft, Wasser, Feuer. Diese haben eine Form, da ja der qualitätenlose, bloße Möglichkeit darstellende erste Stoff in ihnen schon gestaltet erscheint. Diese Form aber ist die letzte — oder erste, wenn man von unten her beginnt — und mit ihrem Wegfalle bleibt dann nur der formlose erste Stoff, dem sie darum eben so nahe stehen.

VI

1] Die Substanzen sind die für sich selbständig bestehenden Seienden, an denen sich z. B. Veränderung vollziehen kann, oder die hinzukommende Merkmale aufzunehmen, zu tragen und wieder einzubüßen imstande sind.

2] Welche Denker THOMAS hier meint, ist nicht leicht zu sagen. Es scheint sich nicht um AVENCEBROL zu handeln. Im übrigen ist die Ansicht, die THOMAS anführt, aber offensichtlich nicht eingehend zu behandeln, schon gar nicht zu bekämpfen der Mühe wert erachtet, nicht sehr bedeutungsvoll. Denn die Realidentität von Dasein und Sosein in Gott wurde und wird ja allgemein zugegeben; ob man nun sagt, Gott habe kein Wassein, oder ob man dessen Identsein mit dem Dasein ausspricht, kommt im wesentlichen auf dasselbe hinaus, obzwar die zweite Fassung zweifellos die folgerichtigere und philosophisch einwandfreiere ist. Die bekämpfte Ansicht kommt übrigens, wie ROLAND-GOSSELIN nachweist [a. a. O. S. 37], bei AVICENNA vor. Man sieht, daß THOMAS keineswegs gesonnen ist, dem von ihm an-

sonsten bewunderten Denker — beruft er sich doch hier wie anderswo mehrfach auf dessen Auktorität — einfachhin und kritiklos Gesellschaft zu leisten. Die bezüglichen Stellen stehen im VIII. und IX. Buche der Metaphysik des AVICENNA.

3] Die Natur oder Washeit der Gattung oder der Art vereinzelt sich oder legt sich auseinander in die einzelnen Arten bzw. Individuen. Aber die Bedingung dieser Aufspaltung oder Aufteilung liegt nicht in dem Wesen der betreffenden Gattung oder Art; diesem Wesen eignet wohl die Möglichkeit, sich in solcher Weise zu »spezifizieren« oder zu »individualisieren«, nicht aber liegt dazu ein zureichender Grund in diesem Wesen selbst. Weder daß ein Seiendes dieses Wesens real existiere, noch daß es in einer bestimmten Anzahl [von Arten oder Individuen] existiere, kann in diesem Wesen selbst begründet sein. Es muß also nebst dem Wesen noch ein Moment angenommen werden, eben das Sein [das also mit dem Wesen oder der Washeit weder ident noch notwendig verbunden sein kann], vermöge welches Arten und Individuen bestehen.

4] Das ist ein von ARISTOTELES wiederholt unterstrichener Satz: Sein wird in verschiedener Weise ausgesagt. Er bildet auch in der für die mittelalterliche und besonders die thomistische Weltkonzeption grundlegenden Lehre von der Analogie des Seins [*analogia entis*] den Angelpunkt. Vermöge der Analogie sind die einzelnen Ordnungen oder Schichten des Seins einander zugleich zugeordnet und voneinander unterschieden.

5] Die Rede, daß Gott nur Sein sei, und auch die, daß nur das Sein Gottes echtestes und volles Sein sei [das »Ist«, das *ipsum esse*], darf nicht dazu verführen, daß man etwa sagte, außerhalb des göttlichen Seins gebe es überhaupt kein Sein. Damit verfiele man in eine jener Irrlehren, welche alles Seiende in Gott aufgehen lassen wollen [Theopanismus] oder meinen, daß Gott die Gesamtheit des Seins, diese mit Ihm ident sei [Pantheismus]. Pantheistische Strömung hat es in den Jahrhunderten vor THOMAS mehrfach gegeben. Die hier abgelehnte Anschauung, der zufolge *formaliter* jedes Ding sein Sein von Gott her habe, steht dem Pantheismus zweifellos nahe. Vielleicht spielt der hl. THOMAS hier auf die Lehren des THIERRY VON CHARTRES [† zwischen 1150 und 1155] an, die, wie manche in etwa ähnliche, wohl letzten Endes von SCOTUS ERIUGENA [† um 877] abhängen dürften, dessen — wiederum stark neuplatonisch gefärbte — Ansicht in den Worten: *ipse* [*sc. Deus*] *omnium essentia est* [De. div. nat. I. 13. P. L. 122, 455 B] aufscheint. In Betracht kommt ferner die vom IV. Lateranischen Konzil [1215] verurteilte Lehre des AMALRICH VON BENE, die gleichfalls einen stark pantheistischen Zug auf-

wies und vielleicht von SCOTUS ERIUGENA abhing; er habe gelehrt, »daß Gott das Wesen [*essentia*] aller Geschöpfe und das Sein [*esse*] aller sei«. So berichten übereinstimmend mehrere Autoren [s. ÜBERWEG-HEINZE II[11], S. 250]. Mit dieser Irrlehre hat THOMAS sich auch sonst noch, ohne den Urheber zu nennen, auseinandergesetzt, so S. c. G. I. 26, während er S. Th. I. q. 3 a. 8. c. bemerkt, es heiße, daß dieses die Meinung der Anhänger des AMALRICH gewesen sei.

6] Prop. XIX., *liber de causis;* Komm. des hl. THOMAS dazu lect. 9 ed. Vives Bd. 26, S. 536. Der Text im *Liber de causis* sagt übrigens nicht, daß die »Individuation oder Vereinzelung« der ersten Ursache durch deren reine Gutheit oder deren absoluten Wert geschehe, sondern, daß ihre Einzelheit die reine Gutheit sei: *individuum suum est bonitas sua*, oder nach einer anderen Lesart [ed. BARDENHEWER § 8. S. 173]: *individuum suum est bonitas pura.*

7] Met. V. 16. 1021 b 30. Nach ROLFES [Bd. I, S. 110] lautet die Stelle: »Was also an sich vollkommen heißt, heißt so in den angegebenen Bedeutungen, das eine, insoferne ihm am Guten nichts fehlt, es darin unübertroffen ist und nichts von ihm außerhalb seiner selbst zu finden ist, das andere, weil es überhaupt in der betreffenden Gattung unübertroffen ist und nichts von ihm außerhalb seiner zu finden ist.« Der THOMAS-Kommentar [lect. 21] erläutert die Meinung des Stagiriten folgendermaßen: »Einiges heißt vollkommen an sich, und dies auf zweifache Art. Das eine ist nämlich in jeglicher Hinsicht vollkommen, weil ihm schlechthin überhaupt gar nichts abgeht und es auch keine ‚Hyperbole' besitzt, d. h. nichts, das darüber hinaus wäre, weil es nämlich von nichts auch nur irgendwie an Güte [dies ist als Werthaftigkeit, nicht etwa als Charaktereigenschaft zu nehmen] übertroffen wird, noch von außen her irgendwas empfängt, weil es auch keiner Güte [keines Wertzuwachses] von außen bedürftig ist. Und dies ist die Beschaffenheit des ersten Urgrundes, nämlich Gottes, in welchem die vollendeste Güte ist, dem nichts von allen den Vollendungen, die in den einzelnen Gattungen angetroffen werden, mangelt.« Von Gott ist hier nicht ausdrücklich die Rede, auch nicht in dem Text, den THOMAS seinem Kommentar zugrunde gelegt hat. Siehe folgende Anm.

8] Met. V. comm. 31. ed. Venet. VIII. F. 162 v—163 r. AVERROËS bezieht diese Stelle ausdrücklich auf Gott: »Vollkommen heißen jene [Seienden], in denen nichts gefunden wird, was eine Aussage der fehlenden Vollendung begründen könnte, weder in ihnen noch von außen, und solcher Art ist die erste Ursache, nämlich Gott.«

9] Die Formulierung des scholastischen Lateins: *limitatum et*

finitum ad capacitatem ist ungemein glücklich und im Deutschen gar nicht eindeutig wiederzugeben. Der von uns gewählte Ausdruck: »gemäß« sagt auch nur in etwa aus, was wirklich gemeint ist. Dieses *ad* nämlich bezeichnet sowohl, daß das Fassungsvermögen eine Grenze bedeutet, bis zu der hin [*ad*] die Möglichkeit des Seinsempfanges sich erstreckt, als auch, daß die Natur des Empfangenden gewissermaßen bestimmt, wieviel Sein sozusagen [ebenso könnte man sagen: was für ein Sein oder welchen Seinsgrad] dieses Seiende erhalten könne.

10] Lect. 4. [in op. Thomae ed. Vives. Bd. 26, S. 523]: *Et virtus quidem eius* [*sc. intelligentiae*] *est facta infinita inferius non superius:* »Und ihre Kraft [der Intelligenz, des reinen Geistes] ist nach unten hin unbegrenzt gemacht, aber nicht nach oben hin.« Das *infinitum* kann man übersetzen entweder als un-begrenzt oder als un-endlich. Beide Worte sind mißverständlich, aber nur darum, weil man ihren unmittelbaren und anschaulichen Sinn gemeinhin gar nicht mehr beachtet. Die Intelligenzen sind »nach unten hin«, d. h. in der Richtung auf die ontologisch tieferen Seinsschichten, unbeschränkt [*non limitantur*], weil kein Stoff sie in irgendeine Beschränkung zwingt; die Verwirklichung einer prägenden, auf den Stoff hingeordneten Form [*forma substantialis corporis*] findet eine Beschränkung durch das Fassungsvermögen des Stoffes. So kann die Geistigkeit der Seele sich in der leib-seelischen Person gar nicht restlos ausdrücken, weil sie durch die stofflichen Bedingungen wesentlichen Beschränkungen unterliegt. Nach oben hin sind die Intelligenzen aber endlich oder begrenzt, weil es über ihnen ein Sein höheren Ranges gibt, gegen das sie sich nun abheben und an dem gemessen sie als weniger, also gewissermaßen als ein »Ausschnitt«, erscheinen. Es klingt hier der, vielleicht nirgends ausdrücklich formulierte, aber für die *philosophia perennis* durchaus grundlegende Gedanke an, daß das Un-endliche, das *in-finitum*, wiewohl es durch eine verneinende Wortform angezeigt wird, seinem Wesen nach das Erste ist, von dem her alles Endliche erst ist und aus dem es eben nur als »Ausschnitt« erscheint. Für unsere Erfahrung hebt die Erkenntnis allerdings vom Endlichen her an; es ist »für uns« [πρὸς ἡμᾶς] das Erste; aber der Natur der Sache nach [τῇ φύσει] ist das Erste eben das Unendliche, das schlechthin und unbedingte Seiende.

11] Nämlich eben das, wovon das Wirklichsein des Körpers abhängt, wodurch es erst überhaupt ist, weil ja der Körper als Stoff zunächst nur Möglichkeit, aber nichts von Wirklichkeit in sich schließt.

12] Hier spielt das Problem einer Einheit oder Vielheit der For-

men [*pluralitas formarum*] herein, dessen — trotz seiner großen philosophiegeschichtlichen wie systematischen Bedeutung — weiter nicht gedacht werden kann. THOMAS und alle ihm folgenden Philosophen vertraten die Lehre von der Einheit der Form: im Menschen ist die vernünftige Seele die einzige *forma substantialis;* es gibt neben ihr keine andere, etwa eine selbständige vegetative Seele. Die thomistische Auffassung stieß anfangs auf heftigen Widerstand und erschien den platonisch-augustinisch Orientierten als ganz unannehmbar. Auch heute noch wird von manchen die Lehre von einer *pluralitas formarum* verteidigt.

13] De An. p. v. c. 3. et 4. ed. Venet. F. 24r—25r: Die im Texte enthaltenen Worte sind nicht die AVICENNAS, sondern eine knappe und prägnante Zusammenfassung einer ziemlich weitschweifigen Auslassung des zitierten Autors. Diese hier wörtlich wiederzugeben, ist nicht vonnöten, da eben die Formel des Aquinaten alles Erforderliche sagt.

14] D. h. es sind Aussagen möglich, in denen den Intelligenzen als [grammatikalischen] Subjekten eines der zehn »Prädikamente« [vgl. S. 119, Anm. 5] zugeordnet wird. Die prädikative Aussage setzt doch wohl voraus, daß Sosein und Dasein nicht real-ident seien. Denn nur dann kann von einem Seienden etwa Substanzsein, oder Beziehung-haben u. dgl. ausgesagt werden. Ebenso ist nur dann die Zusammenordnung in eine Gattung und die Angabe des Unterschiedes zwischen den so zusammengeordneten Seienden möglich; damit ist, wie ausdrücklich angemerkt wird, nicht gesagt, daß dieser Unterschied für uns gegeben und angebbar sein müsse. Der Umstand aber, daß wir den Unterschied nicht zu bestimmen, ja nicht einmal von ihm zu wissen imstande sind, wo etwa er gesucht werden müßte, schließt weder dessen Bestehen noch die Möglichkeit aus, um sein Bestehen zu wissen. Weil nun die Weise des Unterschiedes in der Seinsebene der Intelligenzen unserem Denken unerfaßbar bleibt, so haben auch unsere etwaigen Aussagen über diese Seienden auch nur einen »analogischen« Charakter [vgl. S. 140, Anm. 4]. Es ist klar, daß dies um so mehr auf Gott zutrifft, von dem prädikative Aussagen nur in sehr uneigentlicher Weise gemacht werden können. Man sieht von hier aus leicht ein, wie unzulässig es ist, irgendwelche für eine Seinsschichte zutreffende Bestimmungen ohne weiteres und ident in demselben Sinne auf andere, höhere zu übertragen, z. B. die Eigenschaften des Lebendigen mit Hilfe der dem unbelebten Stoffe angemessenen Kategorien aussagen zu wollen, oder die Natur der Seele in den Kategorien des Nur-Lebendigen oder gar des Unbelebten ausszusprechen.

15] In Weiterführung des Gedankens sagt der Aquinate: auch in der Welt der uns zugänglichen Körperdinge, die wir wahrnehmen und handhaben, sind uns die Unterschiede des Seins verborgen. Inwieferne das Sein, als solches, des Steines sich unterscheide von dem der Pflanze oder des Menschen, ist für uns unersichtlich und sohin auch unaussagbar. Und so auch, wieso das Sein des Sokrates ein anderes sei, als das des Platon, wie es doch offenbar der Fall ist. Wir sind gezwungen, da uns der Untergrund, das Sein als solches, nicht erfaßbar ist, uns an die Oberfläche zu halten. Da einsichtigerweise die zu dem Seins- und Wesenskern hinzukommenden Bestimmungen von diesem irgendwie, obzwar abermals in einer uns undurchsichtigen Weise abhängen müssen, bedienen wir uns dieser und ihrer Verschiedenheit, um die Unterschiede der Seienden zu bezeichnen. Man kann dies etwa durch folgendes Gleichnis erläutern: Gesetzt, es wüßte jemand, daß irgendwelche Gegenstände von ihm unbekannter Beschaffenheit nach Länge und Breite geordnet und bezeichnet, und daß die Längen durch Zahlen, die Breiten durch Buchstaben ausgedrückt seien, so könnte er genau wissen, daß das Ding a 1 vor b 7, und daß etwa b 11 hinsichtlich der Breite vor, hinsichtlich der Länge nach d 5 zu stehen komme. Er könnte sogar die Größe des Unterschiedes als d—b und als 11—5 angeben, ohne von der wirklichen Beschaffenheit der Dinge [das können z. B. Papierrechtecke, aber auch Schuhe sein] irgend etwas zu ahnen. Von den Intelligenzen aber können wir nicht einmal [mit Ausnahme gewisser Züge vielleicht, die uns in der Offenbarung mitgeteilt wurden,] solche hinzukommende Merkmale, obwohl es deren zweifellos geben muß, aussagen. — Den hier entwickelten »erkenntniskritischen« Standpunkt, den man sehr wohl den eines kritischen Realisten nennen kann, hat THOMAS auch fernerhin festgehalten. Die Erwägung, daß wir die Wesensunterschiede auch an den sinnlich wahrnehmbaren Dingen nicht zu erfassen imstande seien, trotzdem diese Erfassung und die darauf sich gründenden Definitionen die Aufgabe der Wissenschaft und das Wesen der Dinge der eigentliche Gegenstand unseres Verstandes seien, wird vom Aquinaten nicht nur hier, sondern zu wiederholten Malen auch im Sentenzenwerk, in den ARISTOTELES-Kommentaren, in kleineren Schriften wie *de potentia* und in der S. Th. vorgetragen. Vgl. S. Th. 1. q. 29. a. 1. ad. 3, welche Stelle mit unserem Texte große Ähnlichkeit aufweist, ferner 1. q. 77. a. 1. ad 7. [*formae substantiales, quae secundum se sunt nobis ignotae, innotescunt per accidentia*] und II. 1. q. 49. a. 2. ad. 3.

16] De an. p. 1. c. 1. ed. Venet. Fol. 1r—1v. Wörtliches Zitat.

17] Met. v. c. 6. ed. Venet. Fol. 90 r. – Es ist klar, daß jene Merkmale, vermöge derer sich ein stoffliches Ding von einem zweiten unterscheidet, ihr Vorkommen der Form verdanken. Denn der Stoff ist ja an und für sich merkmalslos, bloße Möglichkeit; soferne also an einem stofflichen Ding überhaupt Merkmale vorfindlich sind, so haben sie ihr Vorhandensein von der Form her, ist diese die Grundlage [das »Erste, woher«; vgl. S. 143, Anm. 13] jener.

18] Vielleicht bedarf die Bemerkung, die Form gehöre als ein »Teil« der Washeit an, einer Erläuterung. Form muß hier, wo von den unterscheidenden Merkmalen der körperlichen Dinge die Rede ist, offensichtlich in der engsten Bedeutung von: individuell prägender Form [*forma substantialis*] verstanden werden. Insoferne kann denn auch diese Form als ein »Teil« des Wasseins oder des Wesens bezeichnet werden; denn dieses ist ja nicht auf das Einzelding zusammengezogen oder eingeschränkt, sondern wird in allen Dingen derselben Art gleichermaßen angetroffen, und es umfaßt auch Stoff und Form zumal.

19] De an. p. 1. c. 1. ed. Venet. F. 1 r. Wörtliches Zitat. – Deswegen sind ja auch die Intelligenzen keine Individuen in dem gleichen Sinne wie dies bei den stofflichen Dingen, so auch den Menschen, zutrifft [vgl. S. 141, Anm. 7]. Die zwischen ihnen bestehenden Unterschiede sind daher notwendig, da sie für uns in ihrer Natur unfaßbar sind, auch anderer Art als jene zwischen den individualisierten Dingen. Der folgende Absatz bringt eine Verdeutlichung des hier Gemeinten.

20] Hier ist »Form« wiederum in einem weiteren Sinne zu verstehen. Denn die substantiale, prägende Form kann gar nicht in verschiedenen Abstufungen von den Seienden einer Art aufgenommen werden, da sie selbst nur individuell ist [vgl. die Ausführungen über die *forma signata* S. 131, Anm. 15]. Es kann sich daher nur um eine mehr oder weniger weitgehende Darstellung oder, wie es im Text heißt, Aufnahme des Wesens, das hier, und zwar mit Recht, vgl. S. 132, Anm. 19 – als Form gefaßt ist, handeln. Daß diese Stufen kein zur Individualisierung führendes Moment abgeben können, geht schon daraus hervor, daß ja Entwicklung oder Vervollkommnung, im Übergang von Potenz zu Akt, eine immer deutliche Ausprägung, Darstellung des betreffenden Wesens bedeutet. Wären solche Gradunterschiede imstande, ein individualisierendes Moment beizustellen, so widerspräche das allen sonstigen darüber entwickelten Auffassungen. Vgl. dazu S. 147, Anm. 3.

21] Die Formen, die hier im Sinne der vorhergehenden Anm. ausdrücklich den Naturen [d. i. Wesen] gleichgesetzt werden,

sind als solche mehr oder weniger vollkommen. Das Tier ist in einer vollkommeneren Weise lebendig als die Pflanze. Insoferne bedingt also die Vollkommenheit der Form, für sich genommen und eben nicht gemäß ihrer Darstellung in einem Individuum, eine Stufenfolge. Die ARISTOTELES-Stelle steht Hist. animal. VIII. 1. 588 b 4—11. ARISTOTELES nimmt sogar einen Übergang vom Unbelebten zum Belebten an. »Denn so geht die Natur allmählich von den unbelebten Wesen zu den Lebewesen über . . . Auch der Übergang jener [der Pflanzen] zu den Tieren ist ein stetiger . . . Denn bei manchen Wesen, die sich im Meere herumbewegen, mag einer zweifeln, ob sie Tiere seien oder Pflanzen.«

22] De part. animal. I. c. 642. b 5—7. Die vom heiligen THOMAS benützte Übersetzung war hier wie zuvor nach L. BAUR [a. a. O. S. 57] jene des MICHAEL SCOTUS oder SCOTTUS [† vor 1235], des Hofastrologen Friedrichs II. Hohenstaufen. Schon seine Zeitgenossen glaubten, daß er Irrlehren und verbotenen Geheimkünsten ergeben sei. DANTE versetzt ihn [Inf. XX. 115] in die Hölle zu jenen, die es zu Lebzeiten wagten, die Zukunft vorherzusagen: *Michele Scotto che veramente delle magiche frode seppe il giuoco*, der das Spiel der magischen Betrügereien wahrlich kannte. Näheres über diesen Mann und seine Leistungen s. CH. H. HASKINS, Studies in the history of Mediæval Science, Cambridge Mass. 1925; Studies in Mediæval Culture, Oxford 1929.

23] Vgl. S. 149, Anm. 10.

24] Siehe o. S. 18.

VII

1] Bisher war die Rede von Substanzen, also selbständigen, in sich ruhenden Seienden. Nunmehr kommt der Aquinate auf jene Seinsmomente zu sprechen, die als Akzidentien, unselbständige, eines Trägers bedürftige und zu dessen Sein nur hinzukommende nicht mit den Substanzen in eine Gruppe zusammengefaßt werden können.

2] Eine Substanz ist einer vollkommenen Begriffsbestimmung, d. h. einer, die vollkommen den Forderungen der Logik entspricht, fähig, weil in dieser nichts aufgenommen zu werden braucht, das über den zu bestimmenden Gegenstand hinausginge. Als einem in sich beruhenden, selb- oder eigenständigen Seienden sind alle Merkmale, die in einer Begriffsbestimmung angeführt werden, der Substanz eigentümlich. Die Akzidentien aber können nur bestimmt werden unter gleichzeitigem Hinweis auf jene Substanz, an der sie jeweils angetroffen werden. Etwa: Rothaarigkeit kann nur bestimmt werden als die eines

Fuchses, eines Pferdes oder eines Menschen, und zwar, wenn es sich um das konkrete Phänomen handelt, immer nur dieses einen, daseienden Fuchses, Pferdes, Menschen. Daran ändert auch die in der heutigen Wissenschaft übliche Auffassung nicht das geringste. Denn »Rot« ist entweder als ein Rot an einem Gegenstand, also gänzlich im Sinne eines Akzidens gemeint, oder als »rotes Licht« und ist dann entweder dem jeweiligen »eigentlichen« physikalischen Prozeß, je nach der eben anerkannten Theorie des Lichtes bzw. demjenigen Träger, an dem dieser Prozeß geschieht, zugeordnet oder dem wahrnehmbaren Auge bzw. dem Wahrnehmungsgesamt von Gegenstand, Medium und Sinnesorgan. — Eine kurze Bemerkung verdient der Ausdruck: Subjekt. *Sub-jectum*, das Darunterliegende, ist die Übersetzung des *ὑποκείμενον* bei Aristoteles u. a., dasjenige, welches anderes trägt. In der mittelalterlichen Philosophie haben Subjekt und Objekt ihre ursprüngliche, der heutigen nahezu entgegengesetzte Bedeutung. Subjektiv ist das Wirkliche, weil es den Erscheinungen zugrunde liegt, objektiv ist das mir, dem schauenden oder denkenden Menschen, »Gegenüberliegende«. Das Objekt ist so, »wie ich es sehe«, Erscheinung; daher wird z. B. *esse apparens*, erscheinendes Sein, und *esse objective* gleichbedeutend gebraucht. Wenn die Person »Subjekt« heißt, so darum, weil auch sie, als ein eigenständig Seiendes, Träger von erscheinenden Merkmalen ist, diesen zu-grunde-liegt. Später, infolge von geistesgeschichtlichen Wandlungen, die hier nicht weiter verfolgt werden können, schränkt sich die Bedeutung von Subjekt auf die erlebende Person bzw. das erlebende Bewußtsein ein. Übrigens ist noch dem Cartesius die heutige Bedeutung von »subjektiv« fremd; er sagt dafür etwa: *in sola mente*. Erst im XVIII. Jahrhundert bürgert sich durchwegs die heute übliche Verwendung ein.

3] Nämlich des *accidens*, des hinzukommenden Merkmales, das ja losgelöst von dem Träger überhaupt keinerlei Sein hat.

4] Man wird sich vielleicht ein wenig über diese Ausführung wundern, weil man doch gewohnt ist, der menschlichen Seele insoferne ein selbständiges Sein zuzuerkennen, als sie nach dem Tode vom Leibe getrennt fortbesteht. Indes wird die so fortlebende Seele als eine *substantia incompleta* aufgefaßt, deren vollständiges Sein erst in der Wiedervereinigung mit dem [verklärten] Leib bei der Auferstehung hergestellt werden wird. Ferner vgl. Text S. 60. Ausführlich ist diese Frage vom heiligen Thomas behandelt worden in S. Th. I. q. 76. a. I. o.

5] Ein »zweites Sein« insoferne, als das erste, das der Substanz an und für sich zukommt, durch ein hinzutretendes Merkmal eine

nähere Bestimmung erhält. Etwa: ein Holztisch hat ein in sich vollendetes Sein, durch das Hinzukommen eines Farbanstriches wird ihm eine weitere, aber neben-sächliche, Bestimmung zuteil. Diese Neben-sächlichkeit findet darin u. a. einen Ausdruck, daß man denselben Tisch einmal rot und das andere Mal etwa grün anstreichen kann.

6] Es gibt, um bei dem in der vorigen Anmerkung gewählten Beispiel zu bleiben, kein Wesen: roter oder grüner Tisch; an dem »Ding selbst« ändert der Anstrich [der eben An-strich ist!] nichts.

7] Met. II. c. 1. 993 b 25. ARISTOTELES behandelt hier den Begriff der Wahrheit. »Wir wissen aber die Wahrheit nicht ohne die Ursache. In allen Fällen ist aber das am allermeisten das Betreffende, auf Grund dessen auch dem anderen das Synonyme zukommt; so ist z. B. das Feuer am wärmsten; denn dasselbe ist für das andere die Ursache der Wärme. Und so ist das Wahrste, was dem Späteren Ursache ist, daß es wahr ist.« ROLFES Bd. 1, S. 35. [Vgl. THOMAS-Komm. II. lect. 2 ed. Vives. Bd.24, S.405]. Ferner AVERROËS, Met. II. text. 4. ed. Venet. VII. F. 49 v.

8] Alle eigenständig Seienden, d. i. die Substanzen, haben unmittelbar, als solche, am Sein Anteil, obzwar in verschiedenem Grade. Wir wissen bereits, daß das Wirklich-sein vom absoluten Sein Gottes durch die verschiedenen Seinsregionen [Intelligenzen, Menschen, Tiere, Pflanzen, tote Dinge] sozusagen abnimmt, um im bloßen Stoff, der *materia prima*, nur noch der Möglichkeit nach vorhanden zu sein, und daß diese Abstufung auf der jeweiligen »Beimischung« von Möglichem zu Wirklichem beruht. Die Akzidentien aber haben überhaupt nur ein Sein, soferne sie von dem Sein eines Trägers, einer Substanz sozusagen, gestützt sind; sie haben kein Sein für sich, sondern nur eines an einem anderen Seienden; ihr Sein »ist« nur »in gewisser Hinsicht«, nämlich in der auf ihren jeweiligen Träger.

9] Der von THOMAS hier verwendete Ausdruck: *principaliter* läßt eine zweifache Auslegung zu. Man kann ihn, wie im Text, mit »vornehmlich« übersetzen. Dann meint die Stelle: obzwar die Akzidentien immer von der ganzen Substanz, die bei den körperlichen Dingen ja stets eine Vereinigung von Stoff und Form ist, getragen werden, gibt es unter ihnen welche, die mehr mit dem Stoff, und andere, die mehr mit der Form zusammenhängen. So nennt z. B. der Aquinate die Kräfte oder Möglichkeiten der Seele deren Akzidentien [S. Th. I. q. 77. a. 1. 5. od. 1—2, q. 83. a. 2. 3]. Man könnte aber auch, was indes kaum einen wesentlich anderen Sinn ergäbe, *principaliter* auf *principium* [ἀρχή] zurückführen [vgl. S. 143, Anm. 13] und mit »der Form [bzw. dem

Stoff] als ihrem Urgrunde entspringend« übersetzen. Das hieße dann, daß jeweils Form oder Stoff »das Erste, woher« für das betreffende Akzidens darstellten. Diese Auffassung aber scheint sich zu verbieten, weil der Stoff als solcher nur bloße Möglichkeit ist und daher gar nicht als *principium* fungieren kann. Vgl. auch unten Anm. 13.

10] De An. II. 4. 429a 24—27. Dem ARISTOTELES »scheint es wohl begründet zu sein, daß die Vernunft [d. h. das Denkvermögen] mit dem Körper nicht vermischt ist« [ROLFES S. 76]. Vgl. dazu den Kommentar des THOMAS, lect. VII. [ed. Vives. Bd. 24, S. 157].

11] Wodurch sich die von uns gewählte Übersetzung von *principaliter*, s. zuvor Anm. 11, rechtfertigt.

12] Met. X. 9. 1058b 21—23. »Das Männliche und das Weibliche aber sind zwar eigentümliche Eigenschaften des Sinnenwesens, aber sie kommen ihm nicht in bezug auf die Substanz zu, sondern halten sich auf seiten der Materie, des Leibes. Daher wird derselbe Same ein Männliches oder ein Weibliches, je nachdem er eine bestimmte Affektion erleidet« [ROLFES Bd. II, S. 262]. Zu dieser Auffassung gelangt ARISTOTELES auf Grund von Überlegungen, warum eine Gegensätzlichkeit das eine Mal eine Artverschiedenheit begründe [z. B. Auf-Füßen-Gehen und Geflügelt-sein], das andere Mal aber nicht [z. B. weiße oder schwarze Farbe haben]. Männlich und Weiblich sind nun keine artbildenden Gegensätzlichkeiten, da ja Mann und Weib beide der Spezies: Mensch angehören. Die Geschlechtlichkeit, so müßte man die sehr knappen Ausführungen des Stagiriten ergänzen, kann aber nicht wohl mit Gefärbtheit auf die gleiche Stufe gestellt werden; sie muß sozusagen tiefer verwurzelt sein. Sie kann aber nicht der Form zugeordnet werden, weil diese das Menschsein schlechthin, nicht aber das Mann- oder Weibsein bedingt; also muß sie auf das Stoffliche zurückgeführt werden. Vgl. den THOMAS-Komm. in Met. X. lect. 11. Es tut dem Scharfsinn des Griechen und der Folgerichtigkeit der sonstigen Argumentationen des großen Scholastikers nicht Eintrag, wenn man diese Ausführungen heute eher mit einem Fragezeichen versehen wird. Erstens ist der Hinweis auf den »gleichen Samen« unberechtigt; wir wissen, daß das Geschlecht bereits durch die jeweilige Beschaffenheit der Keimzellen bestimmt ist. Zweitens scheint zwischen dieser Zuteilung der Geschlechtlichkeit an den Stoff und der Lehre, daß die Seele die *forma substantialis corporis* sei, ein Widerspruch zu bestehen. [An dem Zusammenhang mit dem stofflichen Anteil hält aber THOMAS auch später fest: S. Th. I. q. 115. a. 3. ad 4.] Ist aber die Seele die prägende Form, so muß

in ihr, so scheint es, doch auch der eigentliche Grund für das Zustandekommen des einen oder des anderen Geschlechtes gelegen sein, zumal eine irgendwie abgeänderte Veranlagung des Stoffes nur schwer gedacht werden kann, insbesondere wenn man an der Lehre von der Einheit der Form festhalten will. Auch die weiteren Überlegungen, die sich auf die »Zusammensetzung der Elemente« beziehen, sind nicht ohne Bedenklichkeit, weil auch dafür ein Grund schwerlich im Stofflichen, auch nicht wenn dieses in Hinordnung auf die Form betrachtet wird, gefunden werden kann. Es ist vielleicht auch nicht zulässig, zwischen der Schwärze der Haut und den anatomischen Merkmalen des Geschlechtes einen solchen Unterschied anzusetzen, daß diese beiden Erscheinungen nun als verschiedene Arten von Akzidentien aufzufassen wären.

13] Es ist durchaus folgerichtig, die individuell unterscheidenden akzidentiellen Merkmale [die den Substanzen selbst zukommenden bleiben für uns ja unerkennbar; vgl. S. 150, Anm. 14 u. 15] in nähere Beziehung zu dem stofflichen Anteil zu bringen, weil der Stoff eben den Grund der Individuation abgibt. Es ist aber fraglich, ob die in solcher näherer Beziehung zum Stoff stehenden hinzukommenden Merkmale in dieser ihrer Besonderheit erkannt und von anderen unterschieden werden können. Vgl. die vorige Anm. Es ist nicht ohne weiteres einzusehen, warum die Hautfarbe nicht ebensogut in diese Gruppe gehören sollte.

14] Man könnte meinen, daß die »Eignung« zur Durchsichtigkeit, das gegebenen-Falles-Durchsichtig-Sein überhaupt, nicht als Akzidens aufgefaßt, vielmehr den Wesensmerkmalen der Substanz: Luft zugezählt werden sollte. Denn sie ist in der Tat an die physikalische Beschaffenheit der Luft gebunden. Indes läßt sich auch die im Text vertretene Meinung rechtfertigen, soferne gewisse physikalische Eigenschaften erst als »sekundär«, als Folgen, als aus primären und wesentlichen abgeleitet, angesehen werden dürfen.

15] Unter den »Prinzipien« zählt Aristoteles [Met. v. 1. 1013 a] auf: Natur, Element, Denken, freier Wille, Substanz, das Weswegen; »denn für Vieles ist das Gute und das Schöne Prinzip sowohl des Erkennens als auch der Bewegung« [Rolfes i, S. 87]. Das Gute nämlich ist als Zweck Erkenntnisprinzip, wenn man nach dem Sinn einer Einrichtung der Natur oder dem Ziele einer sittlichen Handlung fragt. [So der Kommentar des Aquinaten, v. lect. 1. ed. Vives, Bd. 24, S. 513]. Es ist klar, daß z. B. »Substanz«, wie das denn im Text wiederholt schon geschah, als Gattungsname ausgesagt wird, so in der Gegenüberstellung von Substanzen und Akzidentien.

16] Die Akzidentien können eben wechseln, auftreten und verschwinden. Ihr Vorhandensein bedingt daher nicht das Werden einer neuen, besonderen »Natur«. Vgl. oben Anm. 3.

17] Siehe o. S. 25.

18] Diese Ausdrücke sind natürlich nicht in zeitlichem Sinne zu verstehen, sondern etwa als: ursprünglich und abgeleitet.

19] Met. IV. 2. 1003 a 30—b 10. Comm. S. Thom. IV. lect. 1. [ed. Vives, Bd. 24, S. 463].

20] Das Wort: *passio* des lateinischen Textes bedeutet wörtlich: Leiden. Es bezeichnet in der Philosophie alle Veränderung, die ein Seiendes »passiv«, d. h. durch die Einwirkung eines anderen erfährt. Daher heißen auch die durch äußere Gegenstände veranlaßten Gemütsbewegungen *passiones animae*, und im Deutschen heute noch »Leiden-schaften« oder im Französischen *passions*. In der scholastischen Philosophie freilich ist der Begriff der *passiones animae* weiteren Umfanges, soferne etwa auch das durch einen Wahrnehmungsgegenstand bedingte Beeindrucktsein dazu zählt.

21] Man kann die Gestalt der Nase — die Gestalt wird als *accidens* angesehen — nur in Bezugnahme auf die Natur bezeichnen und daher den Unterschied [etwa Stulpnasigkeit, Hakennasigkeit] auch nur durch solchen Hinweis ausdrücken. Das unterscheidende Merkmal ist also die jeweilige Gestalt der Nase bzw. diese selbst als eine so oder so gestaltete.

22] Met. V. 15. 1020—1021 b; S. THOMAS in Met. V. lect. [ed. Vives, Bd. 24, S. 554]. ARISTOTELES zählt auf: Relatives [πρός τι] der Zahl nach [zweifach, Drittel, größer, kleiner], wozu auch Gleiches, Ähnliches und Selbes gehören; auf Grund eines wirkenden und leidenden Vermögens und der diesem Vermögen entsprechenden Wirklichkeiten [das Erwärmen im Verhältnis zum Erwärmenden]; was gewirkt hat im Verhältnis zum Gewirkten [Vater]; in bezug auf das Fehlen [Privation] des Vermögens [das Unsichtbare]; diese sind ihrem Sein nach auf ein anderes bezogen, während das Meßbare, das Wißbare und das Denkbare relativ heißen, weil anderes auf sie bezogen wird. Das an sich Relative wird teils nach diesen Bedeutungen so genannt, teils wenn seine Gattungen solcher Art sind; die Heilkunst gehört hierher, weil ihre Gattung, die Wissenschaft, hergehört. Ferner gibt es ein Relativsein auf Grund der Relativität von Nebenbestimmungen; so kann das Doppeltsein vom Menschen ausgesagt werden [doppelt so groß] und insoferne der Mensch ein Relatives heißen. Umgekehrt heißt die Gleichheit relativ, weil das Gleiche, daran sie angetroffen wird, so heißen muß [ROLFES II, S. 105].

23] Nicht einmal bei den Akzidentien, die doch sozusagen ober-

flächlicher liegen als die Substanzen, deren Seinsunterschiede wir nicht zu erfassen vermögen und die wir darum nach den Nebenbestimmungen unterscheiden, können wir immer die Unterschiede unmittelbar zu Gesicht bekommen, sondern können deren Bestand nur an Akzidentien sozusagen zweiten Grades erkennen oder aus ihnen erschließen. Vgl. S. 151, Anm. 15.

SACHVERZEICHNIS